HEIKE SCHNEIDEREIT-MAUTH

Burnoutvorsorge ist Chefsache

HEIKE SCHNEIDEREIT-MAUTH

Burnoutvorsorge ist Chefsache

Gesunde Führung als Leitungsaufgabe in Kirche und Diakonie

neukirchener

Mix
Produktgruppe aus vorbildlich bewirtschafteten Wäldern und anderen kontrollierten Herkünften
www.fsc.org Zert.-Nr. SGS-COC-005773
© 1996 Forest Stewardship Council
FSC

Bibliografische Information der Deutschen Nationalbibliothek:
Die Deutsche Nationalbibliothek verzeichnet diese Publikation in der Deutschen Nationalbibliografie; detailierte bibliografische Daten sind im Internet über http://dnb.d-nb.de abrufbar.

Umschlaggestaltung: Grafikbüro Sonnhüter, www.sonnhueter.com
Lektorat: Ekkehard Starke
DTP: Breklumer Print-Service, www.breklumer-print-service.com
Verwendete Schrift: Scala
Gesamtherstellung: Hubert & Co., Göttingen
Printed in Germany
978-3-7615-6613-8 (Print)
978-3-7615-6614-5 (ePub)

www.neukirchener-verlage.de

Inhalt

Warum dieses Buch?

Die positiven Effekte sinnvoller betrieblicher Gesundheitsförderung sind heute in den meisten Unternehmen und Organisationen anerkannt. Unternehmen, die betriebliches Gesundheitsmanagement betreiben, setzen dazu unterschiedliche Maßnahmen an. Sie reichen von gesundheitsgerechter Gestaltung des Arbeitsplatzes über spezielle Gesundheitsangebote bis zur betrieblichen Wiedereingliederung von Mitarbeitenden, die lange krank waren. Dazu kommen Beratungs- und Trainingsangebote. Allerdings wird dabei oft übersehen, dass die Art und Weise, wie Führung im Unternehmen gelebt wird, einen erheblichen Einfluss auf die Gesundheit der Mitarbeitenden hat. Gesunde Führung macht den Unterschied. Salutogenese und Burnout-Prophylaxe sind wichtige Leitungsaufgaben.

In den letzten Jahren hat sich ein Krankheitsbild wie eine Epidemie ausgebreitet: Burnout. In der Wirtschaft, in sozialen Unternehmen, in Kirche und Diakonie wird intensiv diskutiert und analysiert, wie der zunehmenden Zahl der „ausbrennenden" Mitarbeitenden begegnet werden kann. Immer deutlicher wird, dass die langen Fehlzeiten durch Erschöpfungssyndrome in Gemeinden, in kirchlichen Verwaltungen oder in diakonischen Einrichtungen einen enormen Kostenfaktor darstellen und zur Belastungsprobe ganzer Abteilungen oder Arbeitsbereiche werden.

Hinzu kommt ein auch in Kirche und Diakonie bereits spürbarer Fachkräftemangel. Es zeichnet sich ab, dass insbesondere in kirchlichen und sozialen Organisationen den Wettbewerb um die besten Mitarbeitenden nur gewinnt, wer ein Konzept zur Vermeidung von Burnout hat und ein Arbeitsumfeld schafft, das chronische Erschöpfungszustände bei Mitarbeitenden erst gar nicht aufkommen lässt.

Die These dieses Buches lautet, dass in Kirche und Diakonie ein solches Konzept nur zu haben ist, wenn sich das Führungsbild in diesen Organisationen grundsätzlich ändert.

Denn der Umgang der Leitenden mit ihren Mitarbeitenden hat entscheidende Bedeutung nicht nur auf die Motivation und Produktivität, sondern auch auf den Sinn, den die Mitarbeitenden ihrer eigenen Arbeit beimessen. Dieser Zusammenhang von Gesundheit und Führung ist in der Managementforschung unbestritten.[1]

Dabei beginnt die Schwierigkeit in kirchlichen Kontexten schon damit, dass sich viele Führungskräfte gar nicht als solche verstehen, sich grundsätzlich schwertun mit ihrer Leitungsfunktion und in Bezug auf ihr Handeln als Vorgesetzter nur unzureichend qualifiziert sind.

Besonders Pfarrer[*] nehmen sich oft nicht als Führungskraft wahr, obwohl sie in der Regel Verantwortung für zahlreiche Mitarbeitende tragen.[3] Es ist deshalb Anliegen dieses Buches, dass sich Pfarrer ihrer Leitungsverantwortung bewusst werden und Anregungen erhalten, wie sie Führungsaufgaben und Ge-

---

* Sprachlich gerecht wäre eine Doppelnennung der männlichen und weiblichen Form. Aus Gründen der Lesbarkeit verzichte ich darauf. Wenn möglich formuliere ich neutral. Gemeint sind immer beide Geschlechter.

sundheitserhaltung von Mitarbeitenden und sich selbst zusammenbringen können.

Aber auch andere Führungskräfte tun sich schwer mit ihren Führungsaufgaben. Superintendenten gehören offiziell zur mittleren Managementebene, sagen auch, dass sie gern gestalten, geben aber in internen Befragungen gleichzeitig an, dass sie sich mit der Mitarbeiterführung schwertun. Verwaltungsleitende wissen zwar um ihre Leitungsaufgabe. Sie erleben sich aber vor allem abhängig vom Superintendenten und machen sich nur selten klar, dass sie als Führungskräfte in Schlüsselpositionen Vorbildfunktion haben.

Führung bedeutet vor allem Beziehungsmanagement. Eine Aufgabe, bei der man eigentlich davon ausgehen würde, dass sie gerade in kirchlichen und sozialen Organisationen ernst genommen wird. Aber warum fühlen sich dann Kindergartenleitungen oder Leitungen von Diakoniestationen so oft allein gelassen?

Als Therapeutin und Coach berate und begleite ich seit vielen Jahren Führungskräfte. Dabei war die Beschäftigung mit dem Konzept der Salutogenese für mich persönlich ein Wendepunkt in meiner Arbeit. Mir ist in der intensiven Beschäftigung mit Aaron Antonovskys Modell klar geworden, wie wichtig und gesundheitserhaltend es ist, Menschen nicht mehr nur auf ihre Defizite festzulegen, sondern sich auf die Möglichkeiten und Potentiale der Menschen zu konzentrieren. Das gilt für die therapeutische Beratung genauso wie für das Leitungshandeln. Daher ist es notwendig, sich nicht nur von den persönlichen Schwierigkeiten und Problemen beeindrucken zu lassen, sondern mit dem gleichen Elan nach den Kompetenzen und Stärken zu fahnden.

Wer gesund führen und beraten möchte, findet in der Salutogenese ein Modell, das das eigene Handeln theoretisch untermauert.

Dieses Buch soll dazu beitragen, dass alle Führungs- und Hierarchieebenen das Thema gesunde Führung als Aufgabe begreifen und sich dabei die Grundkonzepte der Salutogenese zu eigen machen.

Es richtet sich deshalb an alle kirchlichen und diakonischen Führungskräfte, die Mitarbeiterverantwortung tragen. Dies sind Superintendenten und Abteilungsleitende im Landeskirchenamt genauso wie Pfarrer, Verwaltungsleitende, Kindergarten-, Stations- oder Einrichtungsleitungen in kirchlichen Heimen oder Hospizen.

Das Buch ist in drei Teile untergliedert. Während der erste Teil beschreibt, wie Führung und Gesundheit zusammengehören, thematisiert der zweite Teil, wie gesunde Führung gelingen kann. Teil drei stellt dann die eigene Gesundheit der Führungskraft in den Mittelpunkt. Alle drei Teile sind auch unabhängig voneinander verständlich, so dass jeder Leser sich mit den Themen beschäftigen kann, die im Augenblick für ihn von vorrangigem Interesse sind.

Ein Selbsttest zum eigenen Führungsverhalten

Weil gute Führung einen hohen Einfluss auf die Gesundheit der Mitarbeitenden hat, muss auch Burnoutprophylaxe Chefsache sein. Gesundheitsförderung zählt zu den zentralen Führungsaufgaben.

Diese gesunde Führungsarbeit fängt bei den Führungskräften selbst an. Daher steht ein kurzer Selbsttest zum eigenen Führungsverständnis am Anfang.[4]

Können Sie zu allen Punkten beherzt ja sagen?

Dann wird Ihnen dieses Buch nur weiter Selbstvergewisserung bringen und vielleicht die ein oder andere Anregung zur gesunden Führung. Sie wissen bereits viel darüber, wie Sie sich selbst und andere gesund führen. Sie können in diesem Fall die Kästen im Buch für eine vertiefte Selbstreflexion nutzen.

Stimmen Sie folgenden Aussagen zu?

1. Wenn ich über meine Arbeit nachdenke, entsteht in mir ein angenehmes und zufriedenes Gefühl, weil ich spüre, dass sie mich erfüllt.
2. Ich habe genug freie Zeit und weiß auch, in meiner Freizeit etwas mit mir anzufangen.
3. Nach Feierabend fühle ich mich müde, bin aber weder ausgepowert noch gereizt oder leer.
4. Ich bin sicher, dass es allen meinen Mitarbeitenden genauso geht.

Aus meiner Praxis als Therapeutin und Coach weiß ich allerdings, dass viele Führungskräfte diese Fragen nicht so eindeutig mit Ja beantworten können. Sie kennen Tage voller Stress und Nächte ohne Schlaf. Sie erzählen im Coaching, wie sie kaum herauskommen aus dem Grübeln über den Sinn und Unsinn, manchmal sogar den alltäglichen Wahnsinn bei der Arbeit, berichten über Konflikte im Team, in der Familie oder mit dem eigenen Chef.

Besonders frustrierend und mitunter schmerzlich sind solche Erfahrungen, wenn Menschen im kirchlichen oder karitativen Kontext arbeiten. Führungskräfte in Kirche und Diakonie, ganz gleich ob sie im Landeskirchenamt, im Kirchenkreis oder in der Gemeinde Führungsaufgaben wahrnehmen, erleben es als besonders bedrückend, wenn der eigene Anspruch an die Arbeit und die Wirklichkeit des täglichen Erlebens weit auseinanderklaffen.

Gerade weil sich derzeit in kirchlichen Bezügen die Arbeit immer weiter verdichtet und sich die Gestaltungsspielräume aufgrund einer sich zunehmend verstärkenden Finanz- und vor allem Relevanzkrise scheinbar verringern, ist es notwendig, das Augenmerk auf die Gesundheitserhaltung aller Mitarbeitenden zu lenken. Auf organisatorischer Ebene lauten die zentralen Fragen deshalb:

- Wie können kirchliche und diakonische Führungskräfte auf die anstehenden Veränderungen reagieren?
- Wie kann Führung gelingen, so dass Leistungsorientierung, Selbstsorge und Fürsorge Hand in Hand gehen?

Im folgenden Kapitel des Buches wird das Modell der Salutogenese als Leitidee der Burnout-Prophylaxe vorgestellt. Hier wird auch erläutert, wie Gesundheit/Prävention und Führung zueinander in Beziehung stehen. Burnout hat sowohl individuelle als auch strukturelle Ursachen. Daher ist es wichtig zu unterscheiden, was der einzelne Mitarbeitende selbstverantwortlich für sich und seine Gesundheit tun kann und an welchen Punkten der Anstellungsträger für gesunde Arbeitsbedingungen zu sorgen hat.

Hinter der Diagnose Burnout verbirgt sich nicht selten eine manifeste Depression. Das wäre nicht weiter tragisch, wenn Burnout und Depression nicht einander widersprechende Behandlungsstrategien bedürften. Daher werden im ersten Kapitel des zweiten Teils die Unterschiede herausgearbeitet, so dass Führungskräfte kompetenter und sicherer mit Verdachtsdiagnosen umgehen können.

Viele kirchliche und diakonische Organisationen beschäftigen sich zurzeit mit zahlreichen Veränderungen. Da sind zu große Herausforderungen zu bewältigen. Im zweiten Kapitel des zweiten Teils wird dargestellt, wie Veränderungsprozesse salutogen gestaltet werden können, damit sie von den Betroffenen als verstehbar, beeinflussbar und sinngebunden erlebt werden. Dazu gehört auch eine ausreichende Beachtung der Veränderungsemotionen Angst und Trauer.

Das dritte Kapitel des zweiten Buchteils zeigt auf, wie gesunde Führung, gelingen kann. Die Grundthese ist, dass es in Kirche und Diakonie zwar eine hohe Wahrnehmungs-, aber eine geringere Handlungskompetenz gibt. Weil jede Führungskraft in der Regel auch einen Chef hat, also zugleich „Führer“ und „Geführter“ ist, wissen die meisten Vorgesetzten aus eigner Erfahrung, welcher Führungsstil eher Burnout und welcher eher Gesundheit fördert. Allerdings führt dieses Wissen erstaunlich selten zu einer Veränderung des eigenen Führungsverhaltens. Gesunde Führung ist vor allem Beziehungsmanagement. Es bedeutet, sich mit unterschiedlichen Charakteren zu befassen.

Und es bedarf der Auseinandersetzung mit starken und schwachen Persönlichkeiten und mit sich zum Teil widersprechenden Interessensgruppen. Daher gibt es gesunde Führung nicht von der Stange, sondern nur als Maßanfertigung. Jeder Mitarbeitende möchte im jeweiligen Arbeitskontext als Individuum gesehen und angeleitet werden. Das Kapitel zeigt, was kirchliche und soziale Organisationen in Bezug auf eine gesunde Führungskultur von der Wirtschaft lernen können.

Teil drei beschäftigt sich mit der Vorbildfunktion der Führungskraft und der Sorge um die eigene Life-Balance. Es wird nicht von Work-Life-, sondern von Life-Balance gesprochen, weil Arbeitszeit auch Lebenszeit ist. Nur wenn eine Führungskraft selbst nicht kontinuierlich über die eigenen Grenzen geht, sondern auf die eigene Salutogenese achtet, kann sie glaubhaft für Burnout-Prophylaxe einstehen. Je achtsamer Führungskräfte mit sich selber sind, desto achtsamer sind sie auch mit den Mitarbeitenden und die Mitarbeitenden mit den Vorgesetzten und untereinander. Das ist ein sich selbstverstärkender Prozess.

Das letzte Kapitel fragt, welche kirchenpolitischen Konsequenzen zu ziehen sind, wenn Salutogenese als Führungsaufgabe verstanden wird. Acht Maßnahmen werden benannt, die einen Kulturwandel einleiten und helfen, Gesundheit zu erhalten und Burnout wirksam vorzubeugen. Wer gern gesund führt und leitet, schafft – wie der Führungsexperte Pinnow nachhaltig fordert – eine Welt, der andere gerne angehören möchten.[5] Arbeit soll und muss zur persönlichen Zufriedenheit führen. Das ist gelebte Burnout-Prophylaxe.

In diesem Buch verknüpfe ich theoretische Grundlagen mit meiner Erfahrung aus Coaching, Supervision und berufsbezogener Beratung. Anhand der Lebensgeschichten und Führungsbiographien meiner Klienten versuche ich aufzuzeigen, dass und wie gesunde Führung gelingen kann.

Die Begebenheiten, die ich zur Veranschaulichung erzähle und die zur besseren Lesbarkeit kursiv gesetzt sind, habe ich so oder so ähnlich erlebt. Sie beruhen auf echten Begegnungen mit echten Menschen in realen Organisationen, sind aber so stark verfremdet, dass kein Klient, kein Team, keine Supervisionsgruppe, keine Führungskraft befürchten muss, mit seiner oder ihrer Geschichte in diesem Buch vorzukommen.

Ich danke alle Coachees und Supervisanden, denn mit und von ihnen habe ich gelernt, wie gesunde Führung helfen kann, Burnout vorzubeugen.

I
Wieso gehören Gesundheit und Führung zusammen?

Was haben Gesundheit und Führung miteinander zu tun?

1 Gesundheit als Chefsache

Gesundheitsförderung ist mehr als Arbeitsschutz und Krankheitsprävention. Gemeint ist die aktive und systematische Förderung von Gesundheit, so dass alle Beschäftigten „gut, gern und wohlbehalten"[6] ihren Dienst tun. Dazu passt das weisheitliche Motiv aus Prediger 3,23, „dass nichts Besseres ist, als dass ein Mensch fröhlich sei in seiner Arbeit". Gesundheitsmanagement[7] steuert in diesem Sinne zielorientiert und kontinuierlich alle Abläufe und Prozesse, um Gesundheit und Leistung aller Mitarbeitenden zu erhalten und zu fördern. Sie ruht auf drei Säulen[8]:

- Gesundheitsangebote (Betriebssport, gesunde Kantine, Schutzimpfungen etc.)
- Gesundheitsfördernde Arbeitsgestaltung (Arbeitszeiten, Arbeitsplatzgestaltung, Dienstvereinbarungen etc.)
- Gesunde Führung

Die Wirtschaft hat seit Langem erkannt, dass Gesundheitsmanagement vom „nice to have" zum „must have" mutiert ist. Die Gesundheit der Mitarbeitenden ist für Unternehmen und Organisationen zukünftig eine zentrale Ressource. Deshalb investieren immer mehr Unternehmen in ein betriebliches Gesundheitsmanagement. Das folgt einem ökonomischen Kalkül. Es geht darum, die enormen Kosten durch Absentismus (krankheitsbedingte Fehlzeiten) und Präsentismus (Anwesenheit von kranken Arbeitnehmern am Arbeitsplatz) zu reduzieren. Laut aktuellen Studien belaufen sich die durchschnittlichen Kosten, die deutschen Unternehmen durch krankheitsbedingte Fehlzeiten entstehen, auf 1.199 Euro pro Jahr und Mitarbeiter. Die Präsentismuskosten schlagen mit 2.399 Euro zu Buche und sind somit doppelt so hoch.[9] Mit etwa 1,3 Millionen Arbeitnehmern sind die Kirchen in Deutschland der zweitgrößte Arbeitgeber nach dem öffentlichen Dienst. Die Kosten für Präsentismus und Absentismus würden sich für die Kirchen demnach auf 46,77 Millionen Euro (oder nur auf die ca. 21.000 evangelischen Pfarrer bezogen 7,55 Millionen Euro) summieren. Aber so wird in den Kirchen nicht gerechnet. Denn Vertretungskosten fallen vermeintlich nicht an, weil der Kollege aus dem Nachbarbezirk natürlich die Aufgaben unentgeltlich übernimmt. Und wenn der Küster erkrankt, fällt doch niemanden ein Zacken aus der Krone, wenn die Pfarrperson auch diesen Dienst übernimmt.

Der Anteil der Mitarbeitenden, die trotz Krankheit zur Arbeit gehen, bewegt sich besonders in kirchlichen Kontexten auf hohem Niveau. Hier ist es weniger die Angst, den Arbeitsplatz zu verlieren, sondern vielmehr ein hoher Anspruch an Zuverlässigkeit und Verbindlichkeit.

„Ich kann meine Kollegen doch nicht einfach im Stich lassen", sagt die Geschäftsführerin eines Kirchenkreises und niest kräftig ins Taschentuch. Und ihr Kollege ergänzt: „Das stimmt. Was sollen denn die anderen denken, wenn ich bei jedem Schnupfen zuhause bliebe." Und dann erzählt er, wie er sich erschöpft ins Büro geschleppt

hat – ganze zwei Wochen lang. Letztendlich hat sein Arzt ihn dann drei weitere Wochen krankgeschrieben, weil der verschleppte Infekt ausheilen sollte.

Wer regelmäßig krank zur Arbeit geht, gefährdet nicht nur die eigene Genesung, sondern stellt ein Ansteckungsrisiko für andere dar. Außerdem kosten präsentistische Mitarbeitende viel, weil sie nur eingeschränkt leistungsfähig sind, ihnen deutlich mehr Fehler unterlaufen, das Unfallrisiko steigt und weil sie aufs Ganze gesehen deutlich früher aus dem Berufsleben ausscheiden. Eine weitere Folge ist oft Burnout.

Weil immer mehr Menschen an Burnout erkranken, fallen die Fehlzeiten und Kosten durch dieses Krankheitsbild besonders ins Gewicht. Psychische Erkrankungen hatten im Jahr 2017 laut DAK-Gesundheitsreport einen Anteil von rund 17,1 Prozent am gesamten Krankenstand und stehen damit hinsichtlich ihrer Bedeutung für die Fehlzeiten erstmals an zweiter Stelle.[10] Und es ist zu befürchten, dass die Zahlen noch steigen. Grund genug, endlich gegenzusteuern.

Denn diese Statistiken bedeuten im Umkehrschluss: Es gibt einen deutlichen ökonomischen Nutzen (Return on Investment), wenn in Gesundheitsförderung investiert wird. Daten zahlreicher Studien zeigen, dass z. B. für jeden für Gesundheitsförderung ausgegebenen Euro mindestens 3,27 an medizinischen Kosten eingespart werden. Darüber hinaus kann mit jedem investierten Euro ein Betrag von 2,70 Euro durch reduzierte Fehlzeiten eingespart werden. Für Investitionen in den Arbeitsschutz zeigt sich ein vergleichbar positives Kosten-Nutzen-Verhältnis.[11] Das sind die sehr konservativen Berechnungen. Manche Studien geben für den Return on Investment bei den Krankheitskosten sogar ein Verhältnis von 1:5,9 an und rechnen bei den Fehlzeiten damit, dass jeder investierte Euro 4,85 Euro einspart. Das beste Kosten-Nutzen-Verhältnis zitiert eine Studie, die die gesamtwirtschaftliche Relevanz beziffert. Volkswirtschaftlich zahlt sich je nach Maßnahme jeder für die Prävention eingesetzte Euro mit fünf bis sechzehn Euro aus.[12]

Den Return on Investment kann man in kirchlichen und diakonischen Kontexten schwer beziffern. Vertretungskosten werden nicht systematisch erhoben und Produktivität und Leistungsfähigkeit nicht konsequent berechnet. Allein die Krankheitskosten in Form von Beihilfeleistungen bei Kirchenbeamten und Pfarrern könnten ein Indiz für die tatsächlichen Kosten sein.

Allerdings geht es nicht nur um die direkten Kosten, sondern auch um die indirekten Auswirkungen.

„Ein Gemeindeglied erzählt: Unser Pfarrer erschien in den letzten Monaten mürrisch, unmotiviert und oft unvorbereitet zu Veranstaltungen. Das hat die anderen hauptamtlichen Mitarbeiter sehr geärgert, einige Taufeltern verprellt und ein Brautpaar dazu bewogen, samt Familie am Tag nach der kirchlichen Trauung aus der Kirche auszutreten. Was wir alle nicht wussten: Er war schwer erkrankt, wollte aber trotzdem weiterarbeiten. Jetzt geht er in den vorzeitigen Ruhestand, aber wir stehen vor einem Scherbenhaufen."

Die direkten Kosten und der indirekte Schaden durch Absentismus und Präsentismus sind extrem hoch. Doch welchen Einfluss hat die Führungskraft darauf? Gibt es einen Zusammenhang zwischen Führungsstil und Krankenstand?

Studien belegen, dass Führungskräfte ihren Krankenstand mitnehmen. Werden Vorgesetzte aus Bereichen mit überdurchschnittlich hohen Krankheitsraten in solche mit besonders niedrigen Fehlzeiten versetzt, kann man beobachten, dass schon nach kurzer Zeit die Fehlzeiten in den ehemals vorbildlichen Abteilungen nach oben schießen. Umgekehrt funktioniert es ebenso. Wird eine Führungskraft mit geringen Krankenständen in eine Abteilung mit hohen Krankenständen versetzt, sinken die Krankenstände der neuen Abteilungen nach wenigen Monaten.[13] Anders formuliert: Eine Führungskraft hat einen großen Einfluss auf die Gesundheit der Mitarbeitenden. Gute Führung hält Mitarbeitende gesund.

Kirche und Diakonie haben wie Unternehmen eine Fürsorgepflicht für ihre Mitarbeitenden. Christliche Organisationen werden sogar in besonderer Weise daran gemessen, ob sie ihren eigenen Idealen und Wertvorstellungen gerecht werden. Und es wird als besonders schmerzlich und scheinheilig erlebt, wenn Reden und Handeln nicht übereinstimmen.

Der Schlüssel zu besserer Gesundheitsförderung und damit mehr Glaubwürdigung liegt in der Veränderung des Führungsverhaltens. Denn für Gesundheit und Burnoutprävention ist die Qualität der Führung die entscheidende Einflussgröße.

2 Führen ohne Wenn und Aber

Den großen Kirchen droht ein Relevanzverlust. Das spüren viele kirchliche Mitarbeitende. Sie macht betroffen, dass mancherorts schon gemunkelt wird, ob noch von einer Volkskirche gesprochen werden kann. Und sie erleben, dass sie immer wieder ins Kreuzfeuer der Kritik geraten, nur weil sie bei der Kirche arbeiten. Sich immer wieder dafür verteidigen zu müssen, dass man einen kirchlichen Arbeitgeber hat, macht mürbe. Es wird als sehr belastend erlebt, für jede kirchliche Verfehlung persönlich haftbar gemacht zu werden.

Was schon für Verwaltungskräfte und Mitarbeitende der Diakonie gilt, betrifft noch stärker die Pfarrerschaft, die sich intensiv mit dieser grundsätzlichen Infragestellung auseinandersetzen muss. Das gelingt nicht allen gleich gut. Die fortschreitende Relevanzkrise, verbunden mit harscher, manchmal berechtigter, aber oft überschießender Kritik hat Folgen für die pfarramtliche Rolle. Der Pfarrberuf ist im Wandel, in der Kritik, vielleicht sogar in der Krise.[14] Nicht mehr das Amt trägt die Person, sondern zunehmend stemmt die Person das Amt. Die gesellschaftliche Anerkennung des Pfarrberufs sinkt. In der Berufsprestigeskala sind Pfarrer von Platz 2 auf Platz 6 zurückgestuft worden.[15] Magere 29 % der Befragten bringen augenblicklich dem Beruf des Geistlichen noch Wertschätzung, Achtung und Vertrauen entgegen. Am Pfarrberuf wird deutlich, was Jugendleiter, Diakone, Kirchenmusiker, Kirchenbeamte, Leiter kirchlicher Einrichtungen schon lange erleben: Kirche verliert an Bedeutung und Attraktivität.

Aber auch intern weht den kirchlichen und diakonischen Mitarbeitenden der Wind immer schärfer ins Gesicht. Der Pfarrstellenrahmenplan ebenso wie das Personalrahmenkonzept, die Verwaltungsstrukturreform, der Refinanzierungsdruck und das Neue Kirchliche Finanzwesen suggerieren: Mitarbeitende im Hauptamt gibt es zu viele. Und sie sind schlicht zu teuer. Das verunsichert und demotiviert.

Gleichzeitig gibt es eine Verdichtung des Dienstes. Anders formuliert: Es gibt zu viele Aufgaben für zu wenig Personen. Immer wieder höre ich in Supervision und Coaching: *„Meine Arbeit fordert mich über Gebühr. Und dabei bin ich immer nur bei der Pflicht und schon lange nicht mehr bei der Kür. Für das Eigentliche, für das, warum ich Pfarrer, Kirchenmusiker, Kindergartenleitung oder Verwaltungsdirektor geworden bin, habe ich gar keine Zeit.“*

Der Druck ist gestiegen. Das äußert sich in Diskussionen über Arbeitszeit und Besoldung, Aufgaben und Qualitätssicherung, Refinanzierung und Schwerpunktsetzung. Das zeigt sich auch in wachsender Konkurrenz: Wer hat es härter? Wer arbeitet wie viel? Welcher Dienst ist wichtiger? Die zahlreichen Konvente und Fortbildungsveranstaltungen, die sich mit dem Thema Burnout beschäftigen, sind ein ernstzunehmendes Signal. Viele kirchliche Mitarbeitende befinden sich an der Belastungsgrenze.

Profil und Zukunft von Kirche und Diakonie stehen auf dem Prüfstand. Mitarbeitende stehen mitten in den Herausforderungen eines Veränderungsprozesses. Wer heute auf die Kirche schimpft, hat es leicht. Professionalisierung wird allerorts gefordert genauso wie: Wachsen gegen den Trend. Das schreit nach Überforderung. Da sind Erschöpfungssyndrome nicht weit. Im Coaching erlebe ich dann Mitarbeitende, die hochmotiviert ihren Dienst begonnen haben und nun vor mir sitzen und einfach nicht mehr können. Sie sind am Ende ihrer Kraft, wissen weder aus noch ein. Und vor allem trauen sie sich nicht, mit ihrem Frust, ihrer Erschöpfung, ihrem legitimen Wunsch nach Auszeiten an ihren Vorgesetzten heranzutreten.

„Die sind doch selbst Hamster im Rad", heißt es dann. „Es wird gesagt, ja, schalte mal einen Gang runter. Aber wenn es darum geht, wird keine Sitzung gestrichen, Synoden dauern immer länger, Zusatzprojekte werden gern gesehen genauso wie Beerdigungsvertretungen in der Nachbargemeinde."

Klare Führung würde hier echte Begrenzung bedeuten und verbindliche Antworten auf folgende drängende Fragen geben:

- Was ist das Wesentliche?
- Welchen Schwerpunkt sollen wir setzen?
- Was können wir beherzt lassen?

Konkret heißt das: Wenn Pfarrer reihenweise ausfallen, müssen Gottesdienste zusammengelegt, Projekte ausgesetzt und die pfarramtlichen Kernaufgaben spezifiziert werden. Es ist unangemessen, wenn parallel Gottesdienste, Frauenhilfen oder Jungscharen stattfinden und überall nur eine Handvoll

Menschen sitzen. Auch wenn Verwaltungsmitarbeitende krank werden, kann nicht alles einfach weiterlaufen. Wenn ein Großteil der Erzieherinnen in der Tagesstätte grippebedingt ausfällt, muss entschieden werden, welche Dienstleistung weiter erbracht wird und was schlichtweg aus- und wegfällt.

Führung ist hier gefragt.

Aber Führung steht in der Kirche unter Generalverdacht. Sie gilt als anrüchig, erregt Anstoß. *„Wir sind ganz anders", heißt es dann, „die Botschaft des Evangeliums entzieht sich allen Zielvorgaben und Leistungsbeurteilungen. Klassische Führung- und Kontrollinstrumente greifen in der Kirche nicht."*

Aber warum? In anderen Bereichen unserer kirchlichen Arbeit lernen wir sehr selbstverständlich von anderen. Warum sollten wir beim Thema Leitung nicht von anderen profitieren, die gute Erfahrungen gemacht haben?[16]

In der pädagogischen Arbeit greifen Pfarrer und Erzieher ohne Zögern auf moderne Unterrichtsmethoden und neue Erkenntnisse aus der Lerntheorie zurück. In der Seelsorge arbeiten Menschen schon lange mit den Techniken der Gesprächsführung, wissen um die tiefenpsychologischen Aspekte, nutzen psychotherapeutische Methoden, um Menschen in ihren Glaubens- und Lebenskrisen gut zu begleiten. Die kirchliche Verwaltung übernimmt selbstverständlich bewährte Ansätze und Konzepte aus anderen Bereichen.

Auch beim Thema Führung können Kirche und Diakonie beherzt von anderen lernen. Denn vieles, was die moderne Managementtheorie fordert, wird in Teilbereichen des kirchlichen Arbeitens bereits angewendet und gelebt und steht überhaupt nicht im Widerspruch zu den Besonderheiten der Kirche. Aber: Führungskräfte in Kirche und Diakonie trauen sich oft nicht, ihre besonderen Fähigkeiten des Beziehungsmanagements in ihrer Rolle als Führungskraft anzuwenden.

Es geht also zuallererst darum, dass Pfarrer, Superintendenten, Verwaltungsleitende ihre Führungsrolle wahrnehmen, anerkennen und annehmen. Führung an sich ist nichts Unanständiges. Auch kirchliche Mitarbeitende dürfen die damit verbundene Macht für die Weiterentwicklung der Kirche und der diakonischen Arbeitsfelder nutzen. Denn wer führt, kann und muss gestalten. Daher ist es mir ein Anliegen, Führung aus der kirchlichen Schmuddelecke herauszuholen. Das Negativimage ist unangemessen. Es braucht ein positives und zeitgemäßes Bild von Leitung. Führungskräfte sind Leistungsträger der Kirche. Und wer Mitarbeiterverantwortung trägt, ist Führungskraft, muss seine Leitungsrolle wahrnehmen und sich entsprechend fortbilden und qualifizieren.

Das gilt in besonderer Weise für die Berufsgruppe der Pfarrer. Im Papier „Zeit fürs Wesentliche"[17] wird die Leitung als fünfte Kernaufgabe neben Verkündigung, Seelsorge, Diakonie und Bildung benannt. Sich selber als Führungskraft oder gar als Leistungsträger der Kirche zu bezeichnen, kommt bisher wenigen Pfarrern in den Sinn. Leitungsambitionen werden sogar kritisch beäugt, und ein Führungsanspruch wird selten offen kommuniziert.

Dazu passt eine lang zurückliegende Bewerbungsrede eines Pfarrers um das Amt des Superintendenten. Der Tenor war: „Ich bin kein Machtmensch, möchte auf keinen Fall führen, und jeder hier im Saal könnte es genauso gut wie ich." Er wurde tatsächlich mit großer Mehrheit gewählt.

Innerkirchlich gibt es eine Doppelbödigkeit in Bezug auf Leitung. Offiziell werden zwar Leiter gewählt oder benannt. Gleichzeitig werden sie aber nicht in ihrer Funktion akzeptiert, sondern als Gleichgestellte behandelt. „Primus (prima) inter pares" heißt das dann und meint: Im Grunde ist niemand erlaubt, wirklich zu führen.

Weil jede Form von Leitung unter theologischen Vorbehalt gestellt wird, aber trotzdem Entscheidungen getroffen werden müssen, führt dies zu versteckter Führung, getarnter Machtausübung. Es bilden sich verdeckte Machtstrukturen. Die sichern ihren Einfluss durch latente Verunsicherung. Um die eigene Machtposition zu stärken, werden Informationen gezielt gestreut oder zurückgehalten.[18] Ein Beispiel:

Der Kreissynodalvorstand beschließt, wie viele Pfarrstellen in der Parochie und der Funktion zukünftig im Kirchenkreis verbleiben sollen. Die Pfarrerschaft wird darüber in Kenntnis gesetzt, aber über die genauen Zahlen im Unklaren gelassen, um auf der Synode alle Betroffenen gleichzeitig zu informieren. Ein scheinbar ehrenwertes Anliegen. Doch das Zurückhalten der wesentlichen Daten mobilisiert Ängste, schafft Verunsicherung und stärkt so die Machtposition des Kreissynodalvorstandes.

Unklare, unausgesprochene Machtstrukturen entfalten nicht selten eine destruktive Wirkung.

Die Übernahme von Leitungsverantwortung schafft dagegen Klarheit. Gerade in einer presbyterial-synodalen Ordnung muss sich Leitung durch offene Kommunikation zeigen. Gesunde Führung bedeutet, Verantwortung für Entscheidungen zu übernehmen und diese dann auch in allen Gremien zu vertreten und um Zustimmung zu werben.

Weil auch Mitarbeitende in Kirche und Diakonie immer häufiger an die Grenzen ihrer Belastbarkeit stoßen, nachhaltig erschöpft sind und schlichtweg ausbrennen, ist eine Führungskultur gefordert, die das Wohlergehen und die Gesundheit der Mitarbeitenden in den Mittelpunkt stellt. Dabei ist zu beobachten, dass sich das Konzept der Salutogenese als Ansatz zur Gesundheitsförderung etabliert. Allerdings wird es bisher nicht mit dem Leitungshandeln in Verbindung gebracht.

Und verbreiteter als die Frage, wie die Gesundheit der Mitarbeitenden gefördert werden kann, ist den meisten immer noch die Klage über den hohen Krankenstand.

3 Was macht krank?

Wer erklären will, warum manche Menschen an Burnout erkranken und andere gesund bleiben, nutzt für gewöhnlich das in der Medizin bevorzugte Risikofaktorenmodell oder das Modell der Pathogenese.[19] Diese Modelle fragen:

- Was macht Menschen krank?
- Welche krankmachenden Faktoren müssen minimiert oder können sogar eliminiert werden?

Grundsätzlich sind die krankmachenden äußeren Faktoren gut bekannt:[20] Hohe Arbeitsbelastung bei weiter steigender Arbeitsverdichtung, schwindende gesellschaftliche Anerkennung bei mangelnder innerkirchlicher Wertschätzung, entgrenzte Arbeitszeiten bei weiterhin unklaren Anforderungsprofilen schwächen langfristig die Gesundheit. Alles, was den Stresspegel dauerhaft erhöht, wirkt sich negativ auf die Gesundheit aus. Destruktives Führungsverhalten führt zu Belastungsreaktionen und erhöht das Krankheitsrisiko.

Acht Faktoren sind hier besonders für den kirchlichen und diakonischen Kontext wichtig:[21]

1. Wertekonflikte: Der Dienst umfasst Aufgaben, die den eigenen Werten nicht, nicht mehr oder nur zum Teil entsprechen. Das kann die Schließung eines Gemeindehauses, die Umwidmung einer Kirche oder die Auflösung eines Arbeitsbereiches sein. Aber auch das Gefühl, in einer

diakonischen Einrichtung zu arbeiten und zu spüren, dass man nicht genug Zeit für die einem anvertrauten, manchmal sehr bedürftigen Menschen hat, gehört dazu. Auch die Diakonie arbeitet in vielen Tätigkeitsfeldern nach wirtschaftlichen Kriterien und ist darauf angewiesen, dass ihre Leistungen refinanziert werden. Das führt nicht selten zu Wertekonflikten. Mitarbeitende reagieren enttäuscht, wenn ihre Vorgesetzen sie unter Druck setzen, genug abrechenbare Leistungen zu erbringen, und sagen dann: *„Ich dachte, wenn ich für die Diakonie arbeite, sind die Menschen wichtiger als die nackten Zahlen."*

Sehr dramatisch und gleichzeitig tabuisiert sind Glaubenskrisen von kirchlichen Mitarbeitenden. Das trifft besonders Menschen im Verkündigungsdienst: Diakone, Jugendleiter, Religionspädagogen und in besonderer Weise Pfarrer. Spirituelle Wüstenzeiten sind zwar überhaupt nicht selten, werden im Kollegenkreis so gut wie nie thematisiert, sondern abgestritten und verleugnet. Dabei handelt es sich um existentielle Krisen, weil damit auch die berufliche Existenz grundsätzlich auf dem Spiel steht. Tiefgreifende, unausgesprochene Zweifel führen zu massiven Wertekonflikten und bergen daher ein nicht zu unterschätzendes Belastungspotential. Da es sich um ein schambesetztes Tabu handelt, ignorieren viele Dienstvorgesetzte bei sich und anderen diese Glaubenskrisen. Das wirkt pathogen – auf den Einzelnen, aber auch auf die gesamte Organisation.

2. Mangel an Gestaltungsspielräumen: Verringerte Entscheidungsspielräume in vielen Positionen und das Gefühl, nicht mehr Herr über die eigene Zeit zu sein, führen dazu, dass Mitarbeitende sagen: *„Ich bin nur bei der Pflicht, für die Kür bleibt keine Zeit."* Oder: *„Ich laufe den Terminen nur noch hin-*

terher und arbeite fast immer fremdbestimmt." Wenn dieser Hilferuf über längere Zeit nicht gehört und aufgenommen wird, erhöht sich das Burnoutrisiko signifikant.

3. Mangel an Vertrauen: Stress erhöht sich, wenn es an Fairness und Transparenz fehlt. Jeder, der im kirchlichen Gremienwesen aktiv ist, wurde schon mal von unerwarteten Tischvorlagen überrascht. Ein Mangel an Offenheit, Vertrauen und Respekt führt zu Disstress und macht auf Dauer und über längere Zeiträume krank.

   Mangel an Vertrauen zeigt sich auch in übermäßiger Kontrolle. Es gibt Führungskräfte, die auch noch über den kleinsten Vorgang informiert werden wollen. Ich erinnere mich in diesem Zusammenhang an den Rektor einer kirchlichen Schule, der mitentscheiden wollte, welche Farben die Servietten beim Schulfest haben sollen.

   Ein pedantischer, kontrollierender Führungsstil demotiviert und wirkt sehr belastend auf die Gesundheit.

4. Mangel an Kollegialität: Einzelkämpfertum ist sehr verbreitet. Die Zusammenarbeit über Abteilungs- und Gemeindegrenzen hinweg ist noch zu wenig eingeübt. Gleichzeitig wird Konkurrenz in christlichen Organisationen nur selten thematisiert, sondern in der Regel verleugnet, weil eben nicht sein kann, was nicht sein darf.[22]

   Zwei Kolleginnen einer Gemeinde bewerben sich beide um das Amt der Superintendentin. Von einer Synodalen gefragt, wie sie mit der Konkurrenzsituation innergemeindlich umgehen, sagt die eine verdutzt: „Wir sind keine Konkurrenten." Die andere erzählt hinter vorgehaltener Hand, wie sie sich gegenseitig schon seit Jahren das Leben schwer machen, weil keine der anderen Erfolge gönnt.

Während die Bibel über die Jünger erzählt, dass sie sehr wohl an der Frage interessiert waren, wer denn von ihnen der Größte im Himmelreich sei (Matthäus 18,1), sind Konkurrenz und damit verbunden auch Neid und Eifersucht große Tabus in Kirche und Diakonie. Nicht offen gemachte, unter den Teppich gekehrte Rangstreitigkeiten entfalten aber schnell ihr toxisches Potential und vergiften das Arbeitsklima.

5. Mangel an Belohnung: Die Alimentation bzw. das Gehalt wird als unangemessen erlebt. Mangelnde Wertschätzung durch Vorgesetzte verstärkt diesen Eindruck noch.
   Kirchliche Mitarbeiter haben ihren Beruf selten wegen des Geldes gewählt. Aber wenn der persönliche Einsatz als selbstverständlich angesehen wird, wenn also das geringere Gehalt keinen Ausgleich durch entsprechende Wertschätzung erfährt, steigt die Unzufriedenheit stetig. Die zu geringe und seltene Anerkennung der Leistung der Mitarbeitenden ist ein entscheidender Bestandteil eines destruktiven Führungsstils. Häufig wird er noch dadurch getoppt, dass Führungskräfte Mitarbeiterideen als eigene Vorschläge verkaufen.
   Allerdings ist Wertschätzung auch keine Einbahnstraße. Genau wie der Mitarbeitende mit seinen Ideen und Leistungen beachtet werden will, braucht auch der Vorgesetzte Anerkennung für seinen Einsatz und Engagement. Wer Beifall erwartet, sollte mit Applaus nicht knausern.

6. Arbeitsverdichtung: Die stetig wachsende Aufgabenfülle birgt ein hohes Erkrankungsrisiko. Mitarbeitende erleben darüber hinaus immer wieder, dass die Glaubwürdigkeit, die Kompetenz und das Engagement des Einzelnen dazu beiträgt wie die Kirche, ja sogar das christliche Sinnangebot

wahrgenommen und bewertet wird. Das ist eine strukturelle Überforderung und kulminiert in dem Gefühl: *„Es ist nie genug."* Gepaart mit dem inneren Anspruch, es zwar nicht allen, aber doch möglichst vielen recht machen zu wollen, manifestiert sich eine pathogene Wirkung. Es ist ganz einfach: Zu viel Arbeit und zu hohe Anforderungen machen krank.

7. Mangel an Interesse: Viele Vorgesetzte wissen zu wenig über die Aufgaben ihrer Mitarbeitenden. Die mangelnde Fachkompetenz wird von den Führungskräften oft vertuscht. Sie fragen aus Unsicherheit nicht genau nach und können die erbrachten Leistungen nicht würdigen. Das wird als Desinteresse erlebt. Kommt es dann in einem Team zum Konflikt, werden – weil die Führungskraft keine fundierten Kenntnisse hat – Entscheidungen verzögert oder an das Team zurückdelegiert.
   Ein Beispiel: Ein Seelsorgeteam ist in Konflikt darüber geraten, welche Schwerpunkte in der gemeinsamen Arbeit gesetzt werden sollen. Der Konflikt entzündet sich an der Frage, ob trotz geringer Teilnehmerzahl Abendandachten angeboten werden sollen. Das Team bittet um eine Leitungsentscheidung.
   Die Vorgesetze trifft – weil sie zu wenig über den Arbeitsbereich weiß, keine Zeit hat, sich intensiver mit dieser Fragestellung zu beschäftigen und niemanden auf die Füße treten möchte – keine Entscheidung, sondern installiert eine Supervision.
   Damit delegiert sie die Leitungsaufgabe an das Team und indirekt an den Supervisor. Der schwelende Konflikt kann über lange Zeit nicht nur nicht aufgelöst werden, sondern infiziert auch andere ursprünglich unstrittige Schwerpunktsetzung und führt am Ende dazu, dass ein Seelsorger frustriert das Handtuch wirft und aus gesundheitlichen Gründen in den vorzeitigen Ruhestand geht.

8. Mangel an Qualifizierung: Viele Führungskräfte in kirchlichen Kontexten kommen zu Leitungsaufgaben wie die Jungfrau zum Kinde. Sie sind völlig unvorbereitet und kennen sich nicht aus mit Führungstools, Managementtechniken, Gesprächsführung. In Bewerbungsverfahren werden Fachkompetenzen erfragt, selten aber Führungsfähigkeiten überprüft.
Ein Kirchenkreis stellt eine Abteilungsleiterin für den Bereich Finanzwesen ein. Fachlich ist die Mitarbeitende der Aufgabe gewachsen. Bisher hatte sie aber keinerlei Personalverantwortung. Schnell ist sie mit den vielfältigen Aufgaben überfordert, vergreift sich im Ton, kann sich gegenüber den alten Hasen nicht durchsetzen, bevorzugt einzelne Mitarbeiter und wird als sprunghaft und unberechenbar erlebt. Als sich die Krankmeldungen in ihrer Abteilung häufen, wird ihr noch in der Probezeit gekündigt.

Bewerten Sie Ihr eigenes Führungsverhalten anhand der genannten acht Faktoren:

1. Wertekonflikt	An welchen Punkten erleben Sie eine Diskrepanz zwischen dem, was Sie glauben, meinen, denken, und Ihrem Führungsverhalten?
	An welche Glaubenskrisen erinnern Sie bei sich selbst oder bei Ihren Mitarbeitenden?
2. Gestaltungsräume	Wie selbstbestimmt erleben Sie Ihre Arbeit?
	Welche Gestaltungsspielräume haben Ihre Mitarbeitenden?
3. Vertrauen	Welchen Kollegen und Mitarbeitenden vertrauen Sie?
	Wo werden Sie als Vertrauensperson gebraucht?
4. Kollegialität	Zu wem stehen Sie in Konkurrenz?
	Wie beurteilen Sie die Konkurrenz im Team?

5. Belohnung	Wann hat Ihr Vorgesetzter Sie das letzte Mal gelobt?
	Wann haben Sie zuletzt anerkennende Worte für Ihre Mitarbeitenden, aber auch für Ihren Chef gefunden?
6. Arbeitsverdichtung	Wie oft haben Sie das Gefühl, dass Sie mit Ihrer Arbeit nicht fertig werden?
	Bei welchen Themen und Aufgaben sehen Sie eine Überforderung Ihrer Mitarbeitenden?
7. Interesse	Wie gut kennen Sie die Aufgabenbereiche Ihrer Mitarbeitenden?
	Wie würden Ihre Mitarbeitenden Ihr Interesse für deren Aufgabenbereiche beschreiben?
8. Qualifizierung	Wie wurden Sie für Ihre Führungsaufgabe qualifiziert?
	Welche Gelegenheit haben Sie, Ihr Führungsverhalten zu reflektieren und dazuzulernen?

4 Was erhält gesund?

Das Konzept der Salutogenese geht über die pathogenetische Fragestellung hinaus. Sie beschäftigt sich nicht mehr mit den krankmachenden Faktoren, sondern fragt, welche Wirkfaktoren den Menschen gesund erhalten. Die gesundheitserhaltenden Aspekte stehen im Mittelpunkt.[23] Warum bleiben Menschen eigentlich gesund? Was zeichnet Menschen aus, die auch bei lang anhaltenden Belastungen nicht erkranken?

Aaron Antonovsky, auf den das Modell der Salutogenese zurückgeht, untersuchte eine Gruppe von Frauen, die ein Konzentrationslager überlebt hatten. Wie erwartet, waren zwei Drittel der Frauen signifikant gesundheitlich stark belastet. Das eigentlich Erstaunliche aber war, dass ein Drittel der Frauen (29 %) sowohl körperlich als auch psychisch als gesund gelten konnten, obwohl auch sie massiv traumatisiert wurden und schlimmsten körperlichen Belastungen ausgesetzt waren.[24] Daher stellte Antonovsky die Frage:

- Warum bleiben Menschen – trotz vieler potentiell gesundheitsgefährdender Einflüsse – gesund?
- Was ist das Besondere an Menschen, die auch bei extremsten Belastungen nicht krank werden?

Er identifizierte schließlich mehrere Faktoren, die wesentlich für die Gesundheitserhaltung von Menschen waren. Auf diese Weise wechselt sein Modell der Salutogenese die Perspektive weg von den krankmachenden Aspekten hin zu den gesundheitsfördernden Faktoren. Es geht davon aus, dass es sinnvoller und langfristiger auch kostensparender ist, die zahlreichen Ressourcen und Potentiale von Menschen zu fördern, als ausschließlich Krankheiten, Defizite und Krisen zu therapieren. Oder anders formuliert: Die Förderung von Lebensenergien ist sinnvoller als die Reparatur.

Das Kohärenzgefühl

Die größte Einflussgröße für den Erhalt von Gesundheit ist nach Antonovsky das Kohärenzgefühl: Kohärenz bedeutet Stimmigkeit, Zusammenhang[25] und meint ein von innerer Sicherheit getragenes Vertrauen.[26] Urvertrauen, Gottvertrauen könnte man vielleicht auch sagen.

Es besteht aus drei Komponenten:[27]

1. Gefühl von Verstehbarkeit (comprehensibility)
2. Gefühl von Beeinflussbarkeit und Bewältigbarkeit (manageability)
3. Gefühl von Sinnhaftigkeit und Bedeutsamkeit (meaningfullness)

Die Beachtung der drei Komponenten ist auch essentiell für die Gestaltung eines gesundheitsförderlichen Arbeitsfeldes durch die Führungskraft.

1. Gefühl von Verstehbarkeit

Sowohl Führungskräfte als auch Mitarbeitende möchten Ereignisse nicht als willkürlich erleben, sondern die Dinge um sich herum grundsätzlich verstehen. Das, was auf sie zukommt, soll nicht chaotisch, willkürlich und unerklärlich bleiben, sondern sie möchten es als geordnete, konsistente, strukturierte Ereignisse begreifen. Deshalb brauchen sie grundsätzlich, aber besonders dann, wenn der Stresspegel steigt, eine Antwort auf die Frage nach dem „Warum"? Die kognitive Einordnung kann zu einer wichtigen Bewältigungsstrategie werden.

Ein älterer Pfarrer erzählt in der Supervision: „Seit einigen Wochen habe ich eine neue Kollegin. Naja, eigentlich eine Mitarbeiterin. Sie ist Religionspädagogin und soll die Jugendarbeit leiten, die ich bisher hauptsächlich verantwortet habe. Eigentlich bin ich sehr froh über diese Entwicklung. Sie hat gleich ein paar Dinge angestoßen und auch ein neues innovatives Projekt gestartet. Aber gestern sind wir ordentlich aneinandergeraten. Und auch der Diakon, der mich bisher unterstützt hat und jetzt die Altenarbeit übernimmt, hat sich schon über sie beschwert. Eine Presbyterin hat mir aufs Band gesprochen, dass das so alles nicht gehen würde. Ich weiß gar nicht, was ich tun soll. Auf einmal kippt die Stimmung. Ich verstehe das nicht."

Der ältere Kollege möchte eine Antwort auf die Frage nach dem „Warum". Als er verstanden hat, dass der Ideenreichtum, das Engagement und die Energie der jungen Religionspädagogin ihm, aber auch den anderen langjährigen Mitarbeitenden Angst macht und unter Druck setzt, hat er einen neuen Blick auf die Situation.

Wenn Führungskräfte die Dinge selber verstehen und bei ihren Mitarbeitenden Verständnis wecken können, verringern sich die Gefühle von Willkür und Ausgeliefertsein. Das gelingt nicht immer allein durch Selbstreflexion. Manchmal bedarf es des wertschätzenden, aber auch kritischen Blickes von außen. Hier kann die regelmäßige und selbstverständliche Inanspruchnahme von berufsbezogener Beratung in Form von Supervision und Coaching eine Unterstützungsfunktion übernehmen.

Gesunde Führung unterstützt Mitarbeitende dabei, ihre berufliche Situation nicht als Willkür zu erleben, sondern die Gründe für die eigenen Erfolge und Misserfolge nachzuvollziehen. Wenn das gelingt, vertrauen Menschen in der Regel darauf, die Situation auch weiterhin zu ihren Gunsten beeinflussen zu können.

2. Gefühl von Beeinflussbarkeit und Bewältigbarkeit

Sowohl Führungskräfte als auch Mitarbeitende möchten Handlungs- und vor allem Entscheidungsspielräume haben. Sie möchten erleben, dass Schwierigkeiten grundsätzlich lösbar sind und dass sie ausreichend Ressourcen zur Verfügung haben, die ihnen helfen, die anstehenden Anforderungen zu bewältigen. Dabei geht es nicht darum, nur über eigene Ressourcen und Kompetenzen verfügen zu können. Wenn die eigenen Fähigkeiten nicht ausreichen, braucht es andere Personen, die sie unterstützen, so dass die Situation händelbar bleibt. Kinder hoffen auf ihre Eltern, Kranke brauchen einen Arzt, beim tropfenden Wasserhahn ruft man den Klempner.

In beruflichen Kontexten erwarten Mitarbeitende diese Unterstützung von ihrem Chef. Sie möchten die Sicherheit haben, dass der Vorgesetzte eine Idee hat, wie Probleme angegangen oder gelöst werden können. Und gleichzeitig möchten sie ausreichend Handlungsspielräume behalten.

Um in kirchlichen Berufen das Gefühl der Beeinflussbarkeit und Bewältigbarkeit zu fördern, braucht es zunächst und ganz schlicht ausreichend Zeit. Da in kirchlichen und diakonischen Arbeitsfeldern zahlreiche Menschen ehrenamtlich tätig sind, gibt es die unterschwellige Erwartung, dass auch Hauptamtliche Überstunden selbstverständlich und unentgeltlich leisten. Schließlich arbeiten alle mit Menschen und für das Reich Gottes. Wer wird da schon so genau auf Arbeitszeiten achten?

Das führt dazu, dass Verwaltungsleitende pünktlich um 8.00 Uhr im Büro sitzen, auch wenn der Kreissynodalvorstand mal wieder bis Mitternacht getagt hat. Die Leiterin des Hospizes führt die Angehörigengespräche nach Dienstschluss. Die Regionalleitung in der Diakonie arbeitet gern noch abends, weil das Telefon dann nicht mehr schellt. Und selbstverständlich rechnet die Leiterin des Kindergartens Elternabende nicht auf ihr Arbeitszeitkonto an. Noch schwieriger ist es für die Pfarrerschaft, denn der Pfarrberuf ist, weil der Dienst als uneingeschränkt definiert wird, strukturell entgrenzt.[28]

Gesunde Führung achtet auf die Einhaltung von Arbeitszeiten. Dies gelingt nur durch eine konsequente Aufgabenkritik. Für die Berufsgruppen, in denen bisher keine Arbeitszeitregelung getroffen wurde, muss das im Sinne der Bewältigbarkeit nachgeholt werden. Jeder Mensch hat am Tag ungefähr acht Stunden effektiver Arbeitszeit zur Verfügung. Alles, was darüber hinausgeht, ist selten erfolgreich oder effizient. Um das Gefühl der Bewältigbarkeit zu behalten, braucht es demnach sinnvolle Begrenzung. Wenn die aufgetragenen Aufgaben schon bei optimalem Zeitmanagement nicht in einer 40-Stunden-Woche zu schaffen sind, müssen Arbeitsfelder reduziert werden.

3. Gefühl von Sinnhaftigkeit und Bedeutsamkeit

Führungskräfte und Mitarbeitende brauchen das Gefühl, dass es sich lohnt, in die Anforderungen Kraft und Energie und Zeit zu investieren, weil es sich um sinnvolle Herausforderungen handelt.

Das Gefühl der Sinnhaftigkeit und Bedeutsamkeit steht und fällt mit der Frage, ob die persönlichen Motive für die Job-Wahl noch mit der Realität des Berufsalltags übereinstimmen, ob Aufwand und persönlicher ideeller und materieller Gewinn noch im richtigen Verhältnis stehen, ob – wie die Theologin Isolde Karle formuliert – der sogenannte package-deal noch stimmt.[29]

Entscheidend, dass das Verhältnis stimmt, ist dabei vor allem das Maß an Anerkennung und Wertschätzung. Hier macht gute Führung den entscheidenden Unterschied.[30] Weil die gesellschaftliche Anerkennung sinkt, wird innerkirchliche Anerkennung immer notwendiger. Menschen, und eben auch Mitarbeitende in Kirche und Diakonie, möchten erleben, dass das, was sie leisten, von Bedeutung ist, dass Anstrengung sich lohnt. Der gesellschaftliche Bedeutungsverlust, das zunehmende Desinteresse an Kirche stellt eine massive narzisstische Kränkung dar.[31] Solche Kränkungen absorbieren viel Energie und bergen ein hohes Belastungspotential. Daher ist es unabdingbar, dass diese Kränkung innerkirchlich nicht noch verstärkt wird. Wertschätzung ist ein Faktor, der Salutogenese enorm fördert.

Gesunde Führung macht den Unterschied, weil sie dafür Sorge trägt, dass Mitarbeitende sich und ihre Arbeit als wichtig erfahren. Sie gestaltet ein Arbeitsumfeld, in dem man gerne mitarbeitet.

Wenn beruflichen Herausforderungen verstehbar, beeinflussbar und sinngebunden sind, werden auch große und lang anhaltende Veränderungsprozesse in Kirche und Diakonie bewältigbar.

Dabei sollte bedacht werden, wie Fengler formuliert, „dass das Optimum nicht das Maximum ist. Wenn eine Gruppe alle Ereignisse völlig versteht, völlig kontrollierbar und völlig sinnhaft fände, so läge sie gewiss neben der Realität".[32] Es geht also darum, sich dem Gefühl der Verstehbarkeit, Machbarkeit und Sinnhaftigkeit möglichst weit anzunähern.

5 Schatzsuche statt Fehlerfahndung

Grundsätzlich kann man festhalten: Ob ein Mitarbeitender gut, zufrieden und gesund seine Arbeit tut, hängt nie allein an den Arbeitsbedingungen, sondern immer auch an seinen eigenen Widerstandsressourcen und Potentialen. Dasselbe gilt natürlich auch umgekehrt: Ob jemand ausbrennt, unter der Arbeitsbelastung leidet oder gar daran erkrankt, hängt nie alleine an seiner körperlichen und psychischen Verfassung, sondern immer auch an den äußeren Umständen der Arbeit.

Die unterschiedlichen Ebenen der Gesundheitsförderung sollten gleichberechtig in den Blick genommen werden, so dass verhaltensorientierte und verhältnisorientierte Burnoutprävention Hand in Hand gehen.[33] Zu berücksichtigen sind

- einerseits die psychischen, persönlichen und individuellen Aspekte und
- andererseits die systemischen, strukturellen und kirchenpolitischen Anteile.

Ressourcenaktivierung

Das Modell der Salutogenese fordert Führungskräfte dazu auf, Stabilisierung und Ressourcenstärkung von Mitarbeitenden in den Mittelpunkt zu stellen. Gesundheit und Arbeitslust sollen gefördert werden, bevor Probleme entstehen. Pointiert ausgedrückt ist die Schatzsuche und nicht die Fehlerfahndung das Gebot der Stunde.[34]

Aber wie kann Ressourcenaktivierung gelingen? Heilsame Ressourcen oder biblisch gesprochen die „anvertrauten Pfunde“ (Matthäus 25,14ff) gibt es so viele, wie es Mitarbeitende gibt. Allerdings muss sich jeder auch die Mühe machen, sie zu suchen und zu finden. Etliche Kraftquellen sind leicht aufzudecken, bei anderen braucht es ein wenig länger, und manchmal muss man nach den Schätzen richtig graben.

Um die „Schatzsuche“ zu strukturieren, eignen sich die fünf Säulen der Identität: Leiblichkeit, soziales Netzwerk, Arbeit und Leistung, materielle Sicherheit, Sinn und Werte.[35]

Salutogenese in beruflichen Kontexten und gesunde Führung fragen, wie sicher und stabil die einzelnen Säulen sind, was es braucht, sie auf- und auszubauen und in ihrer Tragfähigkeit zu kräftigen. Je mehr Säulen intakt sind, desto gesünder ist ein Mensch und desto eher ist er gegen Burnout gewappnet.

Dabei wird zwischen internalen und externalen Widerstandsressourcen unterschieden. Oder anders ausgedrückt: Zwischen dem, was in der Verantwortung jedes Einzelnen liegt, und dem, was unter die Fürsorgepflicht des Arbeitgebers fällt und damit zur Aufgabe der Führungskraft gehört.

1. Erste Säule: Leiblichkeit

Zur Säule der Leiblichkeit passt ein kluger Satz von Theresa von Avila: „Sei gut zu deinem Körper, damit die Seele Lust hat, darin zu wohnen." Man könnte meinen, dass dies selbstverständlich sei. Doch nicht nur die Erfahrung, auch Studien zeigen, dass sich viele Menschen nicht daran halten. Dabei wissen die meisten recht genau, was dem Körper und damit auch der Seele guttut. Ausreichend Bewegung, ausgewogene Ernährung, genügend Schlaf, möglichst geringe Zufuhr des Zellgiftes Alkohol und des Nervengiftes Nikotin sind bekannte und wesentliche gesundheitsförderliche Maßnahmen.

Salutogenese beachtet die Leiblichkeit des Menschen und bestärkt den Einzelnen, seinen Körper als gute Schöpfung Gottes zu hegen und zu pflegen. Für die notwendige Gesundheitspflege wirbt Luther in einem Brief an Melanchthon unmissverständlich:

„Darum befehle ich Euch und allen Freunden unter Androhung des Bannes, Euch Gesundheitsmaßregeln für Euer Körperchen aufzuzwingen, denn Ihr sollt nicht Eure eigenen Mörder werden und dann tun, als hättet Ihr Euch im Dienste Gottes zugrunde gerichtet. Man dient Gott auch durch Müßigsein, ja vielleicht durch nichts mehr als damit. Darum hat er den Sabbat besonders streng gehalten wissen wollen. Also verachtet dies nicht! Es ist Gottes Wort, das ich Euch schreibe".[36]

Die Sorge um die eigene Gesundheit liegt zu wesentlichen Teilen in der eigenen Verantwortung. Hierhin gehört auch die ehrliche Auseinandersetzung mit den persönlichen Widerständen.

Neben der Eigenverantwortung gibt es die Fürsorgepflicht des Arbeitsgebers. Er muss zum Beispiel dafür sorgen, dass Arbeits-, Urlaubs- und Pausenzeiten eingehalten werden.

Wie halten Sie es mit Ihrer eigenen Gesundheitsvorsorge?

- Wann fällt es Ihnen besonders schwer, Grenzen zu setzen oder Müßiggang zu üben?
- Was ist Ihr Gewinn, wenn Sie es zwar vielen anderen, aber sich selbst nicht recht machen?
- Was brauchen Sie, um sich mehr zu bewegen, gesünder zu essen, weniger Alkohol zu trinken, mehr auf sich und Ihre Gesundheit zu achten?

Wider besseres Wissen nutzen viele Beschäftige Arbeitspausen nicht zur Erholung. Nur vier von zehn Angestellten halten ihre Pausenzeiten ein. 43 % machen weniger als 30 Minuten Pause, 31% verzichten komplett auf die Unterbrechung ihrer Arbeit.[37] Das ist fatal, wenn man um die Wichtigkeit einer regelmäßigen und längeren Arbeitsunterbrechung weiß. Viele Menschen meinen, dass sie Zeit gewönnen, wenn Sie auf die Pause verzichteten und nur zwischen zwei Telefonaten einen Schokoriegel essen. Doch wer ohne Zwischenstopp durcharbeitet, wird unkonzentrierter, ungenauer, unkreativer.

Burnoutprävention beginnt mit einer Führungskultur, die die Einhaltung von Erholungspausen und Arbeitszeiten fördert.

Eine Ärztin eines konfessionellen Krankenhauses erzählt im Coaching:

„Vor meinem Burnout habe ich mich immer als Faulpelz gefühlt, wenn ich pünktlich mit der Arbeit aufgehört habe. Vor allem, wenn mein Chef sagte: ‚Sie gehen schon. So ein Leben hätte ich auch gern.' Jetzt ist er froh, dass ich nach meiner Erkrankung doch wieder zurückgekommen bin. Weil er Schwierigkeiten hat, alle Stellen zu besetzen, will er unbedingt, dass ich gesund bleibe. Jetzt erinnert er

mich sogar immer an meine Mittagspausen. Und manchmal geht er jetzt sogar selber in die Kantine."

Ein gesunder Führungsstil hat viel mit Begrenzung und Eindeutigkeit zu tun. Wer sich als Chef Burnout-Prophylaxe auf die Fahne schreibt, muss mutig Farbe bekennen, gerade auch bei Pfarrern, die keine festgelegten Arbeits- oder Pausenzeiten haben.

Ich habe vor einiger Zeit in einem Pfarrkonvent über das Thema gesprochen. Da fragte ein Kollege im eingeschränkten Dienst: „Wie viele Stunden muss ich denn mit einer halben Stelle arbeiten?" Der Superintendent zuckte mit den Schultern und sagte: „Das musst du selbst entscheiden."

Doch diese vermeintlich gut gemeinte Übertragung von Selbstverantwortung fördert die Entgrenzung und kann schnell ins Burnout führen. Denn wenn ein Pfarrer so fragt, fällt es ihm offenbar schwer, seine Arbeitszeit eigenständig zu definieren und abzustecken. Er braucht dabei Unterstützung und Anleitung. Hier sind die Vorgesetzen gefordert, klare Regeln zu schaffen und bei der Umsetzung zu helfen.

2. Zweite Säule: Das soziale Netzwerk

Jeder kennt das Sprichwort: Geteiltes Leid ist halbes Leid, geteilte Freude ist doppelte Freude. Das biblische Pendant findet sich beim Prediger 4,9ff: „So ists ja besser zu zweien als allein, denn sie haben guten Lohn für ihre Mühe. Fällt einer von ihnen, so hilft ihm sein Gesell auf. Weh dem, der allein ist, wenn er fällt! Dann ist kein anderer da, der ihm aufhilft."

Stützende und helfende Menschen sind eine wichtige Ressource. Das gilt für alltägliche Herausforderungen, aber besonders für krisenhafte Situationen. Wenn die Säule des sozialen Netzwerkes sicher und stabil ist, können alle anderen Säulen brüchig werden, ohne dass die psychische Gesundheit dauerhaft gefährdet wird.

Doch wer Freud und Leid miteinander teilen will, muss beizeiten an der Säule des sozialen Netzwerkes bauen. Beziehungsarbeit ist vonnöten. Aber das scheint nicht mehr selbstverständlich. Die steigenden Scheidungszahlen – auch von Pfarrersehen – sprechen Bände. Ich kann mich noch gut daran erinnern:

Als mein Mann und ich vor 20 Jahren getraut wurden, heizte der Prediger meiner damaligen Gemeinde kräftig ein, indem er ihr klar machte, das auch sie eine Verantwortung für das Gelingen unserer Ehe hätten: „Wenn Sie als Gemeinde wollen, dass Ihre Pfarrerin auch Silberhochzeit feiert, dann geben Sie dem Paar ausreichend Zeit für die Gestaltung seiner Beziehung. Gemeinden sind wie Kraken mit vielen Armen, die unerbittlich nach dem Leben der Pfarrperson greifen. Lassen Sie Ihre Pfarrerin und ihren Mann einfach mal in Ruhe."

Weder Freundschaften noch familiäre Bindungen und Partnerschaften fallen vom Himmel. Sie müssen aufmerksam gepflegt und gehegt werden.

Dabei ist deutlich zwischen privaten und beruflichen Netzwerken zu unterscheiden. Persönliche Verantwortung ist die Pflege von Partnerschaft, Familie und Freundeskreis, die möglichst wenig Schnittmenge mit beruflichen Kontakten haben sollten. „Dienst ist Dienst und Schnaps ist Schnaps!" ist hier eine salutogene Weisheit. Denn wer nicht dezidiert zwischen privat und beruflich trennt, ist schnell immer im Dienst und wird auch in privaten Kontexten zum ständigen Seelsorger, berät Freunde in juristischen oder medizinischen Fragen, gibt steuerliche Ratschläge, erklärt das Kindergartengesetz oder das Prinzip der gesetzlichen Betreuung. Wer auf eine Vermischung von Beruflichem und Privatem verzichtet, fördert die eigene Salutogenese. Auch Pfarrer, Verwaltungsleitende, Führungskräfte des Landeskirchenamtes, Psychologen der Beratungsstellen brauchen protektive Menschen, bei denen sie Frust und Dampf ablassen können, denen sie sich anvertrauen und ihre ganz privaten Seiten zeigen können.

In beruflichen Kontexten sind soziale Netzwerke ebenfalls ein wichtiger protektiver Faktor.

Hier gilt es, Kollegialität und den Teamzusammenhalt zu fördern. Das gelingt nicht durch langweilige Konvente und Sitzungen mit billigen Keksen und dünnem Kaffee. Sorgfältige Vorbereitung und herzliche Gastfreundschaft machen eine Einladung zu einem Event, den man nicht versäumen möchte. Für Klausurtagungen, Synoden und Meetings gilt: Form und Inhalt müssen zusammen passen. Menschen arbeiten einfach lieber und besser, wenn auch der äußere Rahmen ansprechend und einladend gestaltet wird.

In Zukunft werden die Mitarbeitenden in Gemeinde, Kirchenkreis und Landeskirche noch enger zusammenarbeiten müssen. Das hat viele Vorteile, denn ein Team ist mehr als die Summe seiner Mitglieder. Führung hat hier die Aufgabe, Bedingungen und Anreize für den Einzelnen so zu gestalten, dass Leistungen möglich werden, die jemand allein nicht erreichen könnte.[38] Wenn Einzelne mehr arbeiten, addieren sich die Ergebnisse, wer dagegen mehr zusammenarbeitet, multipliziert die Wirkung.[39] Das gelingt, weil in jedem Team ein beträchtlicher Erfahrungsschatz gebündelt ist. Wird das Wissen des Einzelnen allen Teammitgliedern zur Verfügung gestellt, kommt es zur Entlastung, denn nicht jeder muss alles wieder ganz neu erarbeiten.

Nun ist nicht jeder kirchliche Mitarbeitende ein geborener Teamplayer. Deshalb stellt die Stärkung der Kollegialität ein wichtiges Ziel gesunder Führung dar. Die größte Herausforderung liegt, wie der Führungsexperte Sprenger pointiert darstellt, darin, dass oft nur oberflächlich kooperiert wird. Jeder weiß, dass mit einem Karrieresprung vor allem Einzelerfolge und Selbstdarstellung, aber in der Regel nicht die Fähigkeit zur Kooperation belohnt wird.[40] Diesen Widerspruch konstruktiv aufzulösen, gehört in den Aufgabenkatalog für gesunde Führungskultur. Dies glückt, wenn alle Teammitglieder die Möglichkeiten bekommen, sich trotz der Zusammenarbeit zu profilieren.

Um Zusammenarbeit nachhaltig zu fördern, eignet sich ein regelmäßiges Teamcoaching. Wer Teamprozesse regelmäßig und selbstverständlich professionell begleiten lässt, kann Konflikten frühzeitig entgegenwirken, Synergieeffekte schneller generieren, Konkurrenz abbauen und Kooperation fördern.

3. Die dritte Säule: Arbeit und Leistung

In der Regel wird Arbeit weniger als Ressource empfunden, sondern eher als Belastung beschrieben. Dabei vermittelt Berufstätigkeit wichtige Erfolgserlebnisse, verschafft Einflussmöglichkeiten und Gestaltungsspielräume, gibt Sinn und Wichtigkeit.

Das gilt aber nur, wenn Arbeit auch Spaß macht, bewältigbar und erfolgreich ist. Die Mitarbeitenden müssen so eingesetzt werden, dass es ihren Fähigkeiten und Interessen entspricht. Nur was jemand gern macht, macht er auch richtig gut. Und wo jemand gut ist, ist er meist auch effektiv.

Eine Hilfe, um die eigene Arbeit effizient zu strukturieren, ist das Pareto-Prinzip.[41] Das ist die 80:20-Regel. Sie besagt, dass 20 % der eingesetzten Zeit, Kraft und Energie 80 % des Ergebnisses liefern. Da erscheint es fast bitter, dass 80 % an Gesprächen, Terminen, Sitzungen, Schreibtischarbeit nur 20 % der Wirkung generieren. Am Ende eines Arbeitstages

Wo liegen Ihre Stärken?

- Wo arbeiten Sie am erfolgreichsten?
- Was können Sie am besten?
- Was macht Ihnen am meisten Spaß?
- Womit können Sie die größte Wirkung erzielen?

geht es nicht um die Frage, wie viel jemand gearbeitet hat, sondern darum, was er oder sie erreicht und bewirkt hat.

Die zweite Seite der Medaille ist die strukturelle kirchenpolitische Verantwortung. Auch in Kirche und Diakonie sollte noch stärker gaben- und aufgabenorientiert gearbeitet werden. Dazu braucht es deutlich mehr Personalentwicklung. Die Förderung von high potentials – und zwar sowohl von Nachwuchskräften als auch von erfahrenen alten Hasen – ist eine genuine Führungsaufgabe. Nur wenn ein kirchliches Personaldezernat auch darum weiß, was ihre Pfarrer, ihre Verwaltungskräfte, ihre pädagogischen Mitarbeitenden können und zu bieten haben, kann die Leistungsfähigkeit und Leistungsbereitschaft optimal genutzt werden.

Eine an sich humorvolle Anekdote beschreibt den Nachholbedarf:

Ein ärztlicher Mitarbeiter eines evangelischen Krankenhauses steht im Kaufhaus in der Schlange und grüßt eine Frau. Die blickt erstaunt auf und fragt, ob man sich kennen würde. Der Mitarbeiter antwortet: „Ja, Sie sind meine Chefin. Ich bin Anästhesist in Ihrer Klinik."

Das ist sicher ein Extrembeispiel. Aber auch wenn Mitarbeitende in der Regel erkannt und gegrüßt werden, haben viele Beschäftigte das Gefühl, nicht gesehen und wahrgenommen zu werden. Ein wichtiges Führungsinstrument sind hier regelmäßige Mitarbeitendengespräche.

Die müssen dann so geführt werden, dass es nicht nur nette Plaudereien sind, sondern dass überlegt wird, wie eine berufliche Biographie gestaltet und weiterentwickelt werden kann.

Auch in Kirche und Diakonie, in der Gemeinde und kirchlichen Institutionen möchten Menschen in ihrer Karriereplanung unterstützt werden.

Eine Pröpstin sagt öffentlich: „Ich weiß zwar, dass viele Kollegen schon lange ein und dieselbe Pfarrstelle bekleiden. Einige haben auch schon Veränderungswünsche geäußert. Aber eigentlich finde ich, dass jeder genau am richtigen Platz seinen Dienst tut."

Das mag von außen betrachtet sogar richtig gewesen sein, ignorierte aber die Unzufriedenheit einiger Pfarrstelleninhaber, die den Status quo als Stillstand erlebten. Weil Innen- und Außenperspektive nicht zusammen passen, verlassen in der Folge hochmotivierte und kompetente Pfarrer den Sprengel, um sich neuen Aufgaben zuzuwenden.

Führungskräfte, die Verantwortung für Personalentwicklung wahrnehmen, bauen inneren Kündigungen und Burnout ihrer Mitarbeitenden vor. Aktives Human Resources Management wird so zu einer Präventionsmaßnahme.

Nur wenn es auch im kirchlichen Kontext Entwicklungsmöglichkeiten und echte Karriere-Sprünge gibt, werden Kirche und Diakonie auch für zukünftige Generationen als ein attraktiver Arbeitgeber wahrgenommen werden.

4. *Die vierte Säule: Materielle Sicherheit*

Zum Materiellen haben Christen oft ein sehr ambivalentes Verhältnis. Über Geld zu sprechen, gilt als unanständig. Da kommt schnell die moralische Keule. „Wer Geld liebt, wird vom Geld niemals satt, und wer Reichtum liebt, wird keinen Nutzen davon haben. Das ist auch eitel." (Prediger 3,1) Das ist alles gut und schön und sogar richtig. Aber immer nur zu betonen, dass das letzte Hemd keine Taschen hat, wird der Gefühlslage kirchlicher Mitarbeitender nicht gerecht. Ich kann mich gut erinnern, als die Besoldungsanpassung ausgesetzt werden sollte. Da waren viele Pfarrer und Kirchenbeamte sehr verletzt und gekränkt. Geld allein macht zwar nicht glücklich, ist aber ein wichtiger Gradmesser für Wertschätzung, Einfluss und Macht. Lohn ist eben auch Belohnung für getane Arbeit. Auf der persönlichen Seite geht es um Würdigung dieser Privilegien, denn je nachdem mit welchen Berufsgruppen man die Besoldung vergleicht, stehen Pfarrer und Kirchenbeamte gar nicht so schlecht da.

Auf der strukturellen Ebene ist es Aufgabe der Landeskirchen, darauf zu achten, dass ein Gleichgewicht herrscht zwischen persönlichem Einsatz und finanziellen Anreizen, zwischen geleisteter Arbeit und Gratifikation. Wird die Entlohnung als unangemessen erlebt, führt das zu Frust, Distress und nachlassender Arbeitsmotivation. Zwei Beispiele:

Ein Kollege wird am Wochenende mehrfach im Rahmen des Bereitschaftsdienstes zu Notfällen in die Klinik gerufen. Da Fahrten vom Wohnort zum Arbeitsplatz grundsätzlich nicht erstattet werden, bleibt er auf den Fahrtkosten sitzen. Rechtlich klar, aber diese strenge Regelung wirkt demotivierend.

Dagegen berichtet der Leiter einer Beratungsstelle begeistert: *„Als ich auf dem Pfarrkonvent im benachbarten Kirchenkreis einen Vortrag gehalten habe, hat man mir ganz selbstverständlich ein Honorar angeboten. Das hat mich total gefreut. Denn die Superintendentin hatte offenbar wahrgenommen, dass das durchaus auch mit viel Arbeit verbunden war.“*

5. Die fünfte Säule: Werte und Sinnerleben

Diese Säule korrespondiert in besonderer Weise mit dem Kohärenzgefühl. Was macht die eigene Arbeit sinnvoll und bedeutsam? Hier geht es um die Klärung der Eigenmotivation und um die Frage, ob die ursprüngliche Motivation noch zur aktuellen Berufswirklichkeit passt.

Oft höre ich im Coaching: *„Das, wofür ich eigentlich angetreten bin, kommt in meinem Arbeitsalltag kaum noch vor."*

Dies ist ein innerer Konflikt, den viele Berufsgruppen kennen. Doch im Augenblick wird er vor allem in der Pfarrerschaft beklagt. Und in der Tat erleben sich viele Pfarrer eher als Gemeindemanager und Verwaltungsfachkräfte denn als Prediger oder Seelsorger. Die vielen fachfremden Tätigkeiten zermürben. Für die Übernahme von Hausmeister-, Küster- und einfachsten Türöffnerdiensten, die Durchführung der zahlreichen Verwaltungsaufgaben, Erledigung von Sekretariats- und Bürotätigkeiten, die Verwaltung und Veräußerung von Immobilien, die zahlreichen Animationsverpflichtungen, die Koordinierung von PR- und Fundraising-Maßnahmen, die Lösung von Logistikproblemen und vielem mehr sind Pfarrer entweder über- oder unterqualifiziert.[42]

Hier wäre es notwendig, dass Pfarrer sich viel stärker als Führungskräfte verstehen und die anfallenden Aufgaben entsprechend strukturieren. Es braucht einen roten Faden.

Was sind Ihre Tätigkeitsfelder?

- Wofür sind Sie als Führungskraft selber verantwortlich?
- Was können Sie getrost delegieren?
- Was müssen Sie tun?
- Was dürfen Sie lassen?
- Was wollen Sie unbedingt machen?

Es ist Leistungsaufgabe, auf Gemeinde-, Kirchenkreis- und landeskirchlicher Ebene geeignete Unterstützungsstrukturen zu schaffen, damit Führungskräfte von der Vielzahl der fachfremden Tätigkeiten entlastet werden und „Zeit fürs Wesentliche"[43] haben.

Die Evangelische Kirche von Kurhessen-Waldeck hat zum Beispiel zusätzliche Assistenzstellen geschaffen, um Gemeindepfarrer deutlich von Verwaltungstätigkeiten zu entlasten.[44] Aber das reicht noch nicht. Es braucht gerade in kirchlichen Arbeitsfeldern auch Zeit für Innovation und Kreativität. Google hat seinen Mitarbeitenden jahrelang 20 % der Arbeitszeit zweckfrei für die Entwicklung neuer Ideen zur Verfügung gestellt. Wie viel Zeit haben Pfarrer, Kindergartenleitungen, Kirchenmusiker, Mitarbeiter in Fort- und Weiterbildung in der Woche für Innovation, Spiritualität, zweckfreies Lesen?

Ein weiterer wichtiger Aspekt bei der Säule Sinnerleben ist der Umgang mit Erfolg und Misserfolg.

Eine Religionspädagogin berichtet: „Kommt ein Projekt gut an, denke ich: Das ist letztlich Gottes Geist, der bekanntlich weht, wo er will. Geht etwas schief, gehe ich hart mit mir ins Gericht. Und genauso macht es mein Propst nach dem Motto: Nicht gemeckert ist Lob genug. Aber unterläuft mir ein Fehler, habe ich ihn sofort am Telefon."

Misserfolg als persönliches Versagen, Erfolg als Handeln Gottes. Diese Bewertung ist auf Dauer nicht gesund und bringt ein Dilemma in geistlichen Berufen zum Ausdruck.

Auf der strukturellen Ebene braucht es eine deutliche Verbesserung des Vorgesetztenverhaltens. Denn da wird entweder mit Anerkennung geknausert und damit am falschen Ende gespart oder Lob gießkannenmäßig verteilt: Jeder kennt die legendären Dankesreden am Ende einer Veranstaltung, in denen jeder und wirklich alles mit Lob und Dank bedacht wird. Doch wer jeden lobt, lobt niemanden. Echte Wertschätzung und wirkliche Anerkennung für geleistete Arbeit, ein besonderes Projekt oder außergewöhnliches Engagement sind wichtige protektive Faktoren.

6 Gesunde Führung als Wettbewerbsvorteil

Motivierte und gesunde Mitarbeitende sind die Voraussetzung für den Erfolg einer Organisation. Diese Erkenntnis ist nicht neu. Aber in den kommenden Jahren werden die Belegschaften immer älter, und der Fachkräftemangel führt schon heute dazu, dass viele Stellen unbesetzt bleiben. Es ist kirchenleitendes Interesse, die Arbeitszufriedenheit in der Mitarbeiterschaft auf Dauer zu bewahren, die Leistungsfähigkeit zu steigern und den Krankenstand möglichst zu verringern.

Wenn sich jüngere Menschen für einen Arbeitsplatz entscheiden, wird es zukünftig von großer Bedeutung sein, ob die vorgehaltenen Arbeitsbedingungen gesundheitsförderlich oder eher als pathogen einzustufen sind. Die sogenannte Generation Y zeigt die Richtung. Nicht nur Gehalt und Karrierechancen, sondern auch gute Arbeitsbedingung und eine angemessene Life-Balance sind substantiell. Es geht nicht nur darum, dass Kirche und Diakonie gut aufgestellt sind. Es geht der Generation Y auch um das persönliche Wohlbefinden nach dem Motto: Wenn es mir als Mitarbeitenden gut geht, wenn ich zufrieden bin, dann wirkt sich das auch positiv auf die Arbeit und den Arbeitgeber aus.

Wer den Wettbewerb um die fähigsten und besten Mitarbeitenden gewinnen will, kommt nicht darum herum, Salutogenese im Raum der Kirche als eine obligatorische Managementaufgabe zu verstehen. Dabei ist das Verhalten von Führungskräften eine der ausschlaggebenden, wenn nicht sogar die entscheidende Stellschraube dafür, dass es Mitarbeitende an ihrem Arbeitsplatz gefällt.

Menschen sind soziale Wesen und haben ein Grundbedürfnis nach Bindung.[45] Weil der Chef eine wichtige Bezugsperson am Arbeitsplatz ist und maßgeblich das Arbeitsklima bestimmt, hat er einen großen Einfluss auf die Gemütslage des Beschäftigten. Zwischenmenschliches sollte nicht unterschätzt werden. Konflikte oder guter Zusammenhalt, Ärger und Freude, Konkurrenz oder Kooperation sind ausgesprochen relevant und haben einen nicht zu überschätzenden Einfluss auf die Gesundheit eines Menschen.[46] Klienten, die eine Burnout-Symptomatik aufwiesen, berichten häufig von einem schlechten Verhältnis zu ihrem Vorgesetzten.

Eine Teamleiterin in der kirchlichen Verwaltung beschreibt: „Morgens prüfe ich als erstes, wie es meiner Chefin geht. Sagt sie fröhlich guten Morgen, wird es ein guter Tag. Betritt sie aber schon schlecht gelaunt das Büro, pfeffert ihre Tasche in die Ecke, ist der Tag auch für mich gelaufen. Dann hüte ich mich, in ihr Blickfeld zu geraten."

Führungskräfte erahnen oft nicht im Entferntesten, wie ihr Verhalten und ihre Stimmungen sich auf die Mitarbeitenden auswirken.

Um das Vorgesetztenverhalten signifikant zu verbessern, sind Fortbildungen und Coaching für einen gesundheitsförderlichen Umgang mit Mitarbeitenden dringend erforderlich. Das ist eine aufwendige, mit Kosten verbundene und auch für die Führungskräfte herausfordernde Maßnahme. Wer einen Kulturwandel bewirken möchte, darf diese Anstrengung nicht scheuen. Richtungsweisend wird sein, ob Kirche und Diakonie der guten, gesunden und mitarbeiterorientierten Führung einen ausreichend hohen Stellenwert beimessen. Denn nur wenn gesunde Führung gewertschätzt und belohnt wird, wird sie sich auch durchsetzen.

Es braucht ein Konzept für gesundheitsbewusste Führung und ein betriebliches Gesundheitsmanagement, das dafür sorgt, dass

1. die beruflichen Herausforderungen in allen kirchlichen und diakonischen Handlungsfeldern verstehbar, handhabbar und sinngebunden bleiben,
2. die Tragfähigkeit der fünf Säulen (Leiblichkeit, Soziales Netzwerk, Arbeit und Leistung, Materielle Sicherheit, Werte und Sinn) ausgebaut wird,
3. die Arbeitszeit und die Aufgabenfülle deutlich begrenzt werden,
4. sich das Vorgesetztenverhalten durch kontinuierliche Fort- und Weiterbildung signifikant verbessert,
5. die langfristige Qualitätssicherung von gesunder Führung durch ein fortlaufendes nicht defizit-, sondern ressourcenorientiertes Coaching ermöglicht wird.

Gesunde Führung kann zum Qualitätsmerkmal werden, wenn Kirche und Diakonie die Zeichen der Zeit verstehen. Es liegt eine große Chance darin, Gesundheit zur Chefsache machen. Eine gesundheitsorientierte Führungskultur wird sich mittelfristig als klarer Wettbewerbsvorteile herausstellen. Dies gelingt, wenn es nicht um reine Lippenbekenntnisse geht, sondern ein echter Kulturwandel eingeleitet wird. Strohfeuer mit Feigenblattfunktion werden schnell durchschaut und führen zu einem nachhaltigen Glaubwürdigkeits- und Vertrauensverlust bei den Mitarbeitenden. Es geht um nicht weniger als einen Paradigmenwechsel. Und der funktioniert in diesem Fall nur als Top-down-Strategie und weniger als Bottom-up-Prozess.[47]

Wenn sich die obersten Leitungsebenen gesunde Führung tatsächlich auf die Fahnen schreiben, wird sich das Thema über die mittlere Führungsebene bis in die Niederungen des Pfarramtes herumsprechen und durchsetzen. Natürlich kann eine Kirchenleitung oder der Vorstand einer Diakonie den Kulturwandel nicht verordnen. Aber wenn sie beginnen, ihn zu initiieren und glaubwürdig zu leben, kann es durchaus gelingen. Denn die Basis der Mitarbeiterschaft steht dem Veränderungsprozess hin zu gesunden Führungsstrukturen durchaus positiv gegenüber – um nicht zu sagen: Viele Mitarbeitenden warten geradezu darauf, dass das Thema Gesundheit in den Fokus der Aufmerksamkeit rückt. Allerdings gibt es gesunde Führung nicht zum Nulltarif. Wem die Gesundheit der Mitarbeitenden wirklich am Herzen liegt, wird ausreichende finanzielle und personelle Ressourcen zur Verfügung stellen müssen. Nur dann wird sich eine Kultur der Gesundheitsförderung etablieren, die dafür Sorge trägt, dass systematisch, zielorientiert und kontinuierlich alle organisationalen Prozesse so gesteuert werden, dass Gesundheit, Leistungsfähigkeit und Erfolg für die Organisation und ihre Mitarbeitenden erhalten und gefördert werden. Die Anstrengung wird sich lohnen, denn zufriedene und gesunde Mitarbeitende sind die besten Werbeträger, die sich Kirche und Diakonie wünschen können.

II
Wie kann gesunde Führung gelingen?

1 Auf die Diagnose kommt es an: Erschöpfung, Burnout oder Depression

1.1 Differenzialdiagnostik für Führungskräfte

Man kann nicht mehr drum herumreden. In Kirche und Diakonie gibt es immer mehr erschöpfte Mitarbeitende und Führungskräfte. Eine hohe Arbeitsbelastung und spezifische Stressfaktoren aufgrund der hohen Erwartungen an sich selbst fördern diese Erschöpfungssyndrome.

Hinzu kommt, dass fast alle Leitungsgremien paritätisch mit Ehrenamtlichen besetzt sind. Was theologisch richtig ist und für unser Verständnis von Kirche sinnvoll erscheint, fördert paradoxerweise, was es doch eigentlich verhindern sollte. Denn gerade, dass die Arbeit auf haupt- und ehrenamtlichen Schultern liegt, erleben viele eher als belastend denn als entlastend.

Ein Superintendent bringt es auf den Punkt: „Lange habe ich meine chronische Erschöpfung nicht wahrgenommen. Und wenn ich dann mal wieder todmüde und völlig ausgepowert in der Sitzung des Kreissynodalvorstands saß, habe ich verstohlen zu Herrn Dr. M. geschaut. Der ist Vorstandsvorsitzender einer Versicherung. Und engagiert sich ehrenamtlich in seiner Freizeit im KSV. Und während ich ihn ansah, hab ich mir selber gesagt: ,Stell dich nicht so an. Das bisschen Erschöpfung. Nimm dir mal ein Beispiel an den Ehrenamtlichen.' Ja, das habe ich mir immer wieder vorgehalten – bis ich dann zusammengebrochen bin."

Als Hauptamtlicher erschöpft sein – obwohl sich die Schar der Ehrenamtlichen so intensiv um die frohe Botschaft bemüht –, das passt nicht. Aufopferung steht hoch im Kurs. Sonntags wird zwar gepredigt, dass allein der Glaube gerecht macht. Aber werktags zählen dann vor allem die Taten. Nur was jemand leistet, erscheint relevant. Die gute alte Werkgerechtigkeit in Reinform könnte man das nennen. Widersprüchlicher könnten Reden und Handeln kaum sein.

Daher nimmt es nicht wunder, dass bis heute das Gleichnis von den Arbeitern im Weinberg (Matthäus 20,1-16) den kirchlichen Mitarbeitenden eine immerwährende Anfechtung ist. Ist es nicht wahnsinnig ungerecht, dass alle Arbeiter im Weinberg denselben Lohn erhalten, obwohl einige den ganzen Tag und andere nur eine Stunde gearbeitet haben? So viel Glaubensgerechtigkeit ist dann doch zu viel.

Und selbstverständlich bleibt die Geschichte von Maria und Marta (Lukas 10,38-42) ein Skandal. Wo kämen wir denn hin, wenn wir alle wie Maria wären, die einfach dasitzt und zuhört, während Martha die Arbeit erledigt?

In kirchlichen Kontexten ist es hoch angesehen, nur für Gottes Lohn zu arbeiten. Wer will da schon unangenehm auffallen und Ermüdungserscheinungen zeigen und derart schwächeln. Dabei könnte man sich gut auf biblische Texte berufen: Moses Schwiegervater Jitro ermahnt Mose, dass es überhaupt nicht sinnvoll ist, sich zu müde zu arbeiten (2.Mose 18,13-27). Das Predigerbuch unterstützt mit dem hilfreichen und weisheitlichen Ratschlag: „Sei nicht allzu gerecht und allzu weise, damit du dich nicht zugrunde richtest" (Prediger 7,16). Oder auch:

„Besser eine Hand voll Ruhe als beide Fäuste voll mit Mühe und Haschen nach Wind“ (Prediger 4,6).

Aber mit den Hohelied der Ruhe kann man in kirchlichen Kontexten kaum landen. Zwar wird immer wieder das Ruhegebot am Sabbat- und das Doppelgebot der Liebe zitiert. Aber echte Selbstsorge oder gar Selbstliebe sind immer noch ein Tabu und geschehen eher versteckt.

Eine Abteilungsleiterin der Diakonie schildert: „In einem Seminar zur Burnoutprävention wurde gefragt, wie viel freie Zeit jeder am Tag für sich persönlich zur Verfügung hätte. Ich habe mich gar nicht getraut, ehrlich zu antworten. Die anderen hatten maximal eine Stunde. Wenn ich preisgegeben hätte, dass ich ein paar Stunden habe, wäre das nächste Projekt direkt an mich delegiert worden.“

In Diakonie und Kirche herrscht immer noch die Einstellung: Zeiten der Muße sind etwas für Faule. Wer für die Sache brennt, kennt keinen Feierabend und kein Wochenende. Ganz nach dem Gusto eines bekannten Kirchenliedes: „Ich selber kann und mag nicht ruhn, des großen Gottes großes Tun erweckt mir alle Sinne, ich singe mit, wenn alles singt ...“ (EG 503,8). Gemeindearbeit gilt im Grunde nicht als Arbeit. Denn es ist den Ehrenamtlichen schwer zu vermitteln, dass das, was für sie sinnvolle Freizeitgestaltung ist, von den Hauptamtlichen als harte Arbeit erlebt wird. Und weil viele Ehrenamtliche auch über ihre Leistungsgrenzen gehen, wird das selbstverständlich von jedem bezahlten Mitarbeitenden erwartet. Und dann wird Selbstsorge schwer. Schön zu beobachten ist das bei Terminabsprachen. Es ist ein „no go“, einen Terminvorschlag abzulehnen, weil man frei hat. Eine Absage wird nur akzeptiert, wenn es bereits eine andere dienstliche Verpflichtung oder einen wirklich wichtigen privaten Termin gibt.

Manchmal werden selbst präventive Angebote auf diese Weise konterkariert:

Ein Pfarrkonvent plant einen Weiterbildungstag zum Thema Burnout-Prophylaxe. Datiert wird die verpflichtende Fortbildung auf einen Samstag, weil der oft frei ist von dienstlichen Terminen. So wird der gut gemeinte Präventions-Workshop zu einer zusätzlichen Belastung im pfarramtlichen Alltag.

Diese Doppelbödigkeit findet sich immer wieder.

Im Synodenbericht schreibt eine Gemeinde, dass sie das Thema Entschleunigung und Gesundheitsförderung in das gemeindliche Leitbild einfließen lassen will. Dieser Satz provoziert hinter vorgehaltener Hand Nachfragen nach dem Motto: Das ist ja schön, aber wie soll das gelingen? Die anstehenden Aufgaben sind so groß, da müsse man sich halt zusammenreißen.

Die hohen Ansprüche an sich selbst und an andere erzeugen eine Atmosphäre der Selbstausbeutung. Es verwundert nicht, dass immer mehr kirchliche Mitarbeitende mit und ohne Leitungsfunktion chronisch erschöpft sind.

Weil mittlerweile so viele Mitarbeitende von drohender Arbeitsunfähigkeit durch selbstdiagnostizierten Burnout betroffen sind und das Phänomen der Überanstrengung fast inflationär erscheint, ist es für Führungskräfte manchmal wirklich schwer zu entscheiden, ob es sich um eine normale, vorübergehende Erschöpfung, ein behandlungsbedürftiges Burnout oder eine therapiebedürftige Depression handelt.

Während Depression immer noch als Stigma erlebt wird, ist Burnout mehr und mehr gesellschaftsfähig geworden. Wer ein chronisches Erschöpfungssyndrom vorweisen kann, empfindet weniger Scham. Doch hinter der Selbstdiagnose Burnout verbirgt sich nicht selten eine manifeste Depression.

Jetzt könnte man fragen: Warum sollte eine Führungskraft zwischen Erschöpfung, Burnout und Depression differenzieren können? Der Grund ist einfach. Die Behandlungsstrategien widersprechen sich, obwohl die Symptomatiken nah beieinanderliegen.

Es ist wie bei rein körperlichen Erkrankungen. Da erwarten wir bei Symptomgleichheit auch eine ordentliche Differentialdiagnostik und möchten wissen, ob wir nur eine Magenschleimhautentzündung oder ein Magengeschwür haben. Wenn nicht ordentlich diagnostiziert wird, liegt auch bei psychischen Erkrankungen ein Kunstfehler vor. Es ist essentiell, exakt zu unterscheiden. Manchmal wird nämlich viel zu schnell von Burnout gesprochen, wenn es um ganz normale Müdigkeit und Erschöpfung geht, die eben auch Teil des Arbeitslebens sind. Andererseits werden tatsächlich krankheitswertige psychische Erkrankungen wie Depression oder Angststörungen nicht erkannt und bagatellisiert.

Leitende Mitarbeitende sollen natürlich nicht in die Diagnostik einsteigen. Aber zur eigenen Sicherheit ist es sehr hilfreich, mehr über Erschöpfung, Burnout und Depression zu wissen, um kompetenter und sicherer mit Verdachtsdiagnosen umgehen können.

1.1.1 Erschöpfung – Wenn es einfach zu viel ist

Manchmal meint es das Leben nicht so gut mit einem. Gefühle von Erschöpfung, Niedergeschlagenheit, Angst und Trauer gehören zum Leben – ob wir das wollen oder nicht.

Durch die intensive mediale Berichterstattung über Burnout werden klinisch nicht behandlungsbedürftige Befindlichkeitsstörungen dramatisiert und pathologisiert.[48] Eine längere Zeit mal „nicht gut drauf zu sein“, ist ganz normal. Allerdings scheint es einen gesellschaftlichen Druck zu geben, der das Stehaufmännchenprinzip als selbstverständlich vorauszusetzen scheint. Ein Blick auf die Zeitungsauslage an der Supermarktkasse genügt: Jede zweite Illustrierte wirbt mit Überschriften wie: „Glückssuche – leicht gemacht", „Stress muss nicht sein", „Kraftquellen für jedermann", „Eigene Widerstandskräfte nutzen", „Das Geheimnis innerer Stärke". Damit wird suggeriert, dass wir aus jeder Krise gestärkt hervorgehen. So als wären wir alle Stehaufmännchen, die, nachdem sie niedergedrückt wurden, wieder reflexhaft hochschnellen. Selbst wenn kirchliche Mitarbeitende oft eine gesunde Distanz zu solchen Heilsversprechungen haben, der Atmosphäre, dass jeder seines Glückes Schmied ist, können sich nur wenige entziehen. Klammheimlich, aber umso nachhaltiger entsteht der Eindruck, dass Gesundheit und Glück, Wohlbefinden und Zufriedenheit selbstverständliche Güter seien. Immer mehr Menschen meinen, ein Recht auf ein gesundes und glückliches Leben zu haben. Es gibt so etwas wie die „Tyrannei des gelingenden Lebens"[49]. Alles soll gut, schön, gesund, perfekt sein. Alles muss gelingen: Arbeit und Freizeit, Gesundheit und Krankheit, Selbstvertrauen und Persönlichkeitsentwicklung, Anfang und Ende.

Von Lebensentwürfen wird heute viel gesprochen. Aber wer entwirft schon sein Leben? Das klingt, als schrieben wir alle einen Businessplan für unser Dasein. So als könne man seine Biografie managen wie ein geschäftliches Projekt. Das klingt nach permanenter Selbstoptimierung. Wie wirkt es sich aus, wenn unsere Erfahrungen im privaten und beruflichen Alltag dieser Perspektive nicht gerecht werden? Was geschieht, wenn wir nicht alle fünf Minuten ein tolles Foto auf Facebook oder Snapchat posten, unseren Freunden nicht auf WhatsApp oder über Instagram mitteilen, wie toll es uns gerade geht? Die allgegenwärtigen Selfies dienen auch dem Ziel, zu dokumentieren, wie gut das Leben gelingt. In meiner Arbeit als Klinikpfarrerin und in meiner Tätigkeit als Therapeutin und Coach erlebe ich durchaus die andere Seite der Medaille. Dass das Leben

eben nicht gelingt, schwer ist, manchmal auch unerträglich erscheint, dass Menschen bis an den Rand der Verzweiflung getrieben werden, weil ihnen mehr aufgebürdet wird, als sie meinen tragen zu können. Und ich erlebe zunehmend auch Menschen, die an kleinen Schwierigkeiten und Niederlagen leiden, weil sie nicht mehr wissen, dass Misserfolge und Rückschläge, Anstrengung und Stress selbstverständlich dazugehören. Angst, Trauer und Erschöpfung sind Teil jedes Lebens.

Nicht jede Angst ist pathologisch

Ein Beispiel: *Eine junge Frau kommt zu mir in die Praxis. Sie meint, an einer Angststörung zu leiden. Anlass war ihre kirchliche Verwaltungsprüfung. Während alle ihre Freunde scheinbar ohne mit der Wimper zu zucken in die Prüfung gegangen sind, hat sie schlichtweg Angst durchzufallen.*

Dass Aufgeregtheit und Lampenfieber, Anspannung und Nervosität Beiwerk jeder Prüfung sind, ist ihr nicht klar. Die junge Frau hat keine Angststörung, sondern vor allem eine zu hohe, nahezu perfektionistische Erwartung an sich selbst, weil sie glaubt, alles müsse zu jeder Zeit glatt und unproblematisch laufen. Dabei verläuft das Leben in der Regel anders als geplant. Und ein Leben ohne Stress und Anstrengung ist unmöglich. Mit dieser Erkenntnis müssen wir alle leben. Und das ist manchmal wirklich sehr schwer auszuhalten.

Ohne Trauer geht es nicht

Gesellschaftlich wird aber oft vermittelt, dass Leid und Frust nicht zu einem normalen Leben gehören. Sehr schnell und voreilig wird jedes Gefühl von Traurigkeit und Niedergeschlagenheit pathologisiert. Auch dazu ein Beispiel:

Ein Diakon bittet um Beratung. Seine Frau ist vor zwei Monaten gestorben. Die beiden waren 30 Jahre verheiratet. Er erklärt:

„Mein Chef wundert sich, dass ich noch nicht arbeitsfähig bin. Deshalb bin ich zu meinem Hausarzt. Der sagt, ich sei wahrscheinlich depressiv. Er wollte mir auch ein Antidepressivum geben. Aber ist es nicht normal, dass ich traurig bin? Ich bin doch jetzt so allein. Und die Kinder wohnen weit weg. Ich vermisse meine Frau so sehr."

Mein Klient hat keine Depression, sondern trauert. Trauer ist eine natürliche, selbstverständliche Reaktion des Körpers auf Verlust. Trauerreaktionen erleben wir, wenn Menschen sterben, aber auch bei Trennungen, beim Auszug der Kinder oder wenn wir uns von Lebensperspektiven verabschieden müssen. Tränen – auch tiefe Traurigkeit – gehören dazu und sind kein Ausdruck einer mit Medikamenten zu behandelnden depressiven Erkrankung. Das gilt für alle natürlichen Trauerreaktionen, denen wir in unserem Leben begegnen. Und Trauer braucht Zeit. Das können wir gut von katholischen Trauerritualen lernen: Da gibt es das Sechswochenamt, das Halbjahresamt und das Jahresamt. Und in der Tat verändert sich die Trauer der meisten Menschen genau in diesen Zeiträumen.

In unserer leistungsorientierten Gesellschaft gilt dagegen schnell als krank, wer nicht der herkömmlichen Vorstellung von Wellness, Fitness, Erfolg und Gut-drauf-Sein entspricht. Ich erlebe immer wieder, dass Ärzte sehr schnell stimmungsaufhellende und beruhigende Medikamente anbieten, weil keine Zeit, Kraft und auch kein Bewusstsein für deutliche Trauerreaktionen vorhanden ist. Trauer wird im Berufsalltag ebenso wie in der hausärztlichen Praxis, aber auch gesamtgesellschaftlich viel zu schnell pathologisiert und als Depressivität klassifiziert. Führungskräfte müssen sich deshalb immer wieder daran erinnern, dass Trauerprozesse Zeit brauchen und nicht beschleunigt werden können. Natürlich kennen die meisten Pfarrer, die Mitarbeiter führen, den Verlauf von Trauerprozessen. Aber praktisch ist es oft sehr schwer auszuhalten, wenn ein Mitarbeitender durch seine Trauer über längere Zeit nicht arbeitsfähig oder immer mal wieder in seiner Leistungsfähigkeit eingeschränkt ist. Doch es hilft nichts. Es gilt ohne Wenn und Aber die Lebensweisheit: „Don't push the river. It flows by itself."

Erschöpfung zeigt an, dass es zu viel ist

Genauso wie Trauerreaktionen schnell als krank gebrandmarkt werden, ist es mit dem Thema Erschöpfung.

„Ich kann nicht mehr", sagt die dreifache Mutter. Sie arbeitet als Juristin bei der Diakonie. Ihr Mann ist leitender Angestellter bei einem Autozulieferer. Sie erzählt von ihrem Alltag: ein großes Haus mit Garten, drei schulpflichtige Kinder, Großeltern, die weit weg wohnen, ein demenzkranker Großonkel, zahlreiche Freizeitaktivitäten (wir möchten den Kindern etwas bieten), Fahrdienste zur Musikschule, zum Fußballverein und zum Tennisplatz, das Nachbarschaftsfest, das organisiert werden muss, Stress im Büro ...

Mir wird beim Zuhören schon ganz schwindelig, und ich denke: „Da wäre ich auch am Ende meiner Kraft." Der Druck, allen Ansprüchen genügen zu wollen, macht müde. Weil sich unsere Gesellschaft dem Leistungsprinzip unterworfen hat, spüren viele Menschen nicht mehr, wann die Grenze erreicht ist. Doch Menschen brauchen Pausen am Tag, Wochenende ohne Termine und Verpflichtungen, Urlaube, in denen sie nicht nur von Sehenswürdigkeit zu Sehenswürdigkeit eilen, sondern einfach nur die Seele baumeln lassen.

Meine Klientin litt noch nicht an einem Burnout, denn Erschöpfung und Müdigkeit, Niedergeschlagenheit, Frust und Angst sind Teil des ganz normalen und oft auch schwierigen Lebens. Ja, das Leben ist in bestimmten Phasen sehr anstrengend. Aber meine Klientin spürte sehr deutlich: „Wenn ich so weitermache, schlittere ich in einen chronischen Erschöpfungszustand. Ich muss schnell etwas ändern."

Und weil man manchmal den Wald vor lauter Bäumen nicht sieht, brauchte sie Unterstützung – nicht im Sinne einer Therapie, sondern eher ein Alltagscoaching. Das schafft Überblick und ermöglicht einen Perspektivenwechsel. Beratung hilft manchmal erstaunlich schnell, den Ausweg aus dem Labyrinth zu finden. Allerdings gilt auch hier: Je eher jemand Hilfe in Anspruch nimmt, desto zeitiger findet er eine Lösung. Manchmal braucht es nur ein oder zwei Beratungsgespräche mit jemandem, der keine eigenen Interessen verfolgt, um eine Richtungskorrektur vorzunehmen.

1.1.2 Burnout – wenn die Arbeit krank macht

Der Begriff Burnout ist in aller Munde. Aber nicht jeder, der über längere Zeit erschöpft ist, hat ein Burnout oder ist bereits burnoutgefährdet. Das liegt daran, dass es für Burnout keine verbindlich festgelegte Definition gibt. In unterschiedlichen Studien und Publikationen werden mehr als 160 Krankheitszeichen mit Burnout in Verbindung gebracht.[50] In meiner Praxis erlebe ich deutlich, wie weit das Definitionsspektrum von Burnout ist. Immer mehr Menschen bitten um einen Termin, weil sie ein Burnout bei sich vermuten. Dabei ist spannend, dass Burnout im deutschsprachigen Raum von besonderem Interesse zu sein scheint. Google-Trend zeigt, dass mit Abstand die meisten Suchanfragen zu Burnout in der Schweiz, in Österreich und in Deutschland gestellt werden.[51]

Wer über Burnout nachdenkt, muss sich zuerst einmal mit dem Thema Stress befassen. Stress scheint allgegenwärtig. Zumindest reden viele davon: Arbeitsstress, Freizeitstress, Urlaubsstress, Schulstress, Stress mit der Freundin oder den Eltern, Stress mit oder durch etwas oder jemanden. Die Liste ist unendlich lang, und nahezu jeder kann etwas dazu beitragen.

Es gehört quasi zum guten Ton, wenigstens etwas gestresst zu sein.

Auf die Frage „Wie geht's?“ lautet die automatisierte Antwort: „Gut, aber wie immer natürlich auch im Stress.“ Wer auf die Frage nach dem Wohlbefinden entgegnet: „Total entspannt. Habe gerade wenig zu tun.“, sorgt für Irritation. Denn wer sich als tiefenentspannt outet, erscheint suspekt. Sich als gestresst zu charakterisieren, ist Teil der Alltagskommunikation.

Stress an sich ist zunächst weder gut noch schlecht. Er ist einfach eine Reaktion auf körperliche und seelische Herausforderungen. Neue Aufgaben oder schwierige Situationen werden aufgrund unserer genetischen Disposition zunächst auf die potentielle Bedrohlichkeit geprüft. Das macht Stress. Und daher stellt unser Körper in vermeintlichen oder echten Gefährdungssituation zur Verfügung, was er an hormonellen, muskulären, sensorischen, motorischen, physiologischen, psychischen und interaktionalen Möglichkeiten so zu bieten hat.[52] Wenn die vermeintlich bedrohliche oder herausfordernde Situation erfolgreich überstanden ist, sind wir müde und erschöpft, aber vielleicht auch zufrieden oder glücklich.[53]

„Ich kann mich noch gut an meine Examenszeit erinnern“, sagt eine Pfarrerin, „ich war total gestresst, aber am Ende auch stolz und glücklich. Aber seit einiger Zeit habe ich den Eindruck, dass dieser Stress nicht mehr aufhört. Stress ist nicht mehr zeitlich begrenzt wie in der Prüfungszeit, sondern zum Dauerzustand geworden. Immer mehr Gottesdienste, Andachten, Beerdigungen und Sitzungstermine. Nie habe ich das Gefühl, allen Anforderungen und Aufgaben gerecht geworden zu sein. Der Berg an Unerledigtem wird immer größer. Und je erschöpfter ich bin, desto mehr grübele ich, wie ich das alles doch noch schaffen könnte.“

Manchmal wandeln sich die ganz normalen Alltagsbelastungen zu gesundheitsgefährdender Überforderung. Grundsätzlich sind Menschen auf Stress zwar gut vorbereitet. Denn wir sind durchaus in der Lage, über längere Zeit ein überdurchschnittliches Leistungsniveau und außergewöhnliche Belastungen zu bewältigen. Aber auf Dauer nehmen uns unser Körper und unsere Seele diese Hochtourigkeit krumm – wie ein Motor, der irgendwann heiß läuft. Hält die Belastungssituation über einen sehr langen Zeitraum an, steigt das Risiko, an Burnout zu erkranken, signifikant.

Nun gibt es zwar immer noch keine unumstrittenen, medizinischen Diagnosekriterien. Durchgesetzt hat sich aber die Erkenntnis, dass Burnout in Phasen verläuft und mit drei Hauptsymptomen einhergeht.

Führungskräfte erleben es als hilfreich und zielführend, diese drei, ineinander übergehenden Phasen zu kennen, weil sie Warnsignale deutlich früher wahrnehmen.[54]

1. Die Anfangsphase ist charakterisiert durch Aktivität, unbewusste Erschöpfung und (versteckte) Aggression. Es entsteht in der Anfangsphase des Burnouts ein Gefühl der Unentbehrlichkeit. „Ohne mich läuft hier gar nichts." „Wenn ich mich nicht kümmere, dann ..." sind typische Sätze. Menschen haben dann oft das Gefühl, dass sie die einzigen sind, die die Welt, die Kirche, den Kirchenkreis, die Abteilung oder die Gemeinde retten können.
   Ein Pfarrer berichtet in der Supervision über die Leiterin des gemeindeeigenen Kindergartens: „Ich weiß nicht, was mit Frau B. los ist. Im letzten Dienstgespräch wirkte sie irgendwie fahrig und müde. Darauf angesprochen, reagierte sie genervt und meinte nur, dass halt viel zu tun sei. Und wenn sie nicht alles kontrollieren würde, würde das Sommerfest zu einer Chaosveranstaltung. Das könne ich als zuständiger Pfarrer ja wohl nicht wollen. Und mit zynischen Unterton fügte sie dann noch hinzu: Die jungen

Erzieherinnen achten ja vor allem darauf, dass sie pünktlich Feierabend machen können. Wenn ich nicht alles machen würde, wäre der Laden schon lange aus den Fugen geraten."
In dieser ersten Phase sind Menschen – wie das Beispiel der Kindergartenleiterin zeigt – oft noch sehr leistungsfähig, spüren aber die Überforderung. Es entsteht bereits eine tiefe Unzufriedenheit. Die Müdigkeit und Erschöpfung wird aber nicht bewusst wahrgenommen, sondern drückt sich in Stimmungsschwankungen, Schlafstörungen, Infektanfälligkeit, Zähneknirschen oder Rückenschmerzen aus.
Der große Arbeitseinsatz und die erbrachte Leistung werden nicht mehr als befriedigend erlebt. Abwertende Bemerkungen über andere und selbstherrliches Verhalten sind in dieser Phase symptomatisch.

2. Die zweite Phase ist geprägt von Rückzug und stetig steigender Leistungsminderung. Die Arbeitslust wandelt sich zum Arbeitsfrust. Unlust und Bitterkeit werden zu Leitmotiven. Das Gefühl, ausgebeutet zu werden und ausgelaugt zu sein, führt nicht selten zum Phänomen der inneren Kündigung. Dienst nach Vorschrift wird noch gemacht, so dass der zunehmende Rückzug nicht sofort auffällt. Furcht und Flucht sind typische Kennzeichen dieser zweiten Phase. Durch Erfahrung lässt sich die Leistungsminderung noch eine Weile kompensieren, aber auf Dauer führt Burnout zu einer Verschlechterung der Arbeit.
Der Rektor einer kirchlichen Schule berichtet von einem Lehrer: „Am Anfang habe ich gar nicht bemerkt, dass Herr O. seine Unterrichtsvorbereitung quasi eingestellt hat. Na ja, er ist ja auch ein sehr erfahrener Lehrer. Als er sich mir dann anvertraut hat, bin ich aus allen Wolken gefallen. Und erst im Nachhinein habe ich gemerkt, dass er schon lange den Kontakt zu mir und den

Kollegen vermieden hat. Jetzt verstehe ich auch die Beschwerden der Eltern."

3. In der dritten Phase steigert sich die Arbeitsunlust zur Lebensunlust. Die innere Leere und Erschöpfung geht über in Verzweiflung, Hoffnungslosigkeit und quälende Einsamkeit: „Mich versteht niemand." „Ich bin ganz allein." „Niemand weiß, wie ich wirklich bin." Der Leidensdruck erhöht sich, so dass manchmal vergleichsweise geringe Anlässe zum Zusammenbruch führen:

   „Die Verwaltungsleiterin Frau H. brütet über den Akten für die nächste Synode. Ihre Sekretärin betritt das Büro und bittet, früher gehen zu dürfen, weil sie einen Arzttermin hat. Frau H. ist fassungslos und wie gelähmt. Nachdem ihre Mitarbeiterin gegangen ist, kann sie gar nicht aufhören zu weinen. In diesem Augenblick spürt sie, dass es so nicht mehr weitergeht und dass sie dringend Hilfe braucht."

   Gefühle der Einsamkeit und Sinnlosigkeit, Verzweiflung und Hoffnungslosigkeit führen zu Isolation und Lähmung. In dieser Phase gibt es eine große Nähe zur Depressionsdiagnose. Die Suchtgefahr (Alkohol, Nikotin, Tabletten etc.) nimmt zu.

Führungskräfte, die neben dem Verlauf auch die Hauptsymptome des Burnout kennen, können eher einschätzen, ob die Erschöpfung eines Mitarbeitenden bereits Krankheitswert hat. Burnout lässt sich durch drei Dimensionen charakterisieren:[55]

1. Emotionale Erschöpfung: „Ich kann nicht mehr!"
   Das Leitsymptom für Burnout ist die emotionale Erschöpfung: „Ich bin am Ende meiner Kraft." Burnoutbetroffene erzählen, dass sie schon müde zur Arbeit gehen. Die Erschöpfung ist so groß, dass weder der Abend noch das Wo-

chenende oder Urlaubstage ausreichen, um sich zu erholen. Chronische Überforderungsgefühle lassen die Arbeit wie ein Fass ohne Boden erscheinen. Schwierigkeiten werden unüberwindbar erlebt und dargestellt. Kraftlosigkeit und Unentschlossenheit dominieren das Gefühlserleben.

Eine Pfarrerin offenbart sich: „Oft sitze ich abends nur noch völlig erschöpft in meinem Sessel. Ich fühle mich so leer, dass ich keine Kraft mehr für meine Kinder habe. Gestern wollte mir meine Tochter von ihrem Streit mit einer Freundin erzählen. Ich habe so getan, als würde ich zuhören, aber ich war überhaupt nicht mehr schwingungsfähig. Eigentlich bin ich immerzu genervt."

2. Abnehmende Leistungsfähigkeit: „Ich schaff es nicht mehr!"
Die nachlassende Leistungsfähigkeit erleben die meisten Betroffenen als schleichenden Prozess. Erst im Nachhinein wird oft deutlich, dass das berufliche Engagement schon lange reduziert wurde. Beginnend mit einem subjektiven Leistungstief folgt im Verlauf der objektive Leistungsabfall. Führungskräfte werden auf die verminderte Leistung meist erst aufmerksam, weil sich Beschwerden von anderen häufen.
Besondere Aufmerksamkeit gebührt der Tatsache, dass nicht nur Einzelne, sondern auch ganze Teams ausbrennen können. Werden in einer Gruppe häufig Beschlüsse herbeigeführt, die trotz Konsens nie umgesetzt werden, und existiert etwas wie eine kollektive Selbstentwertung, muss darüber nachgedacht werden, ob man es nicht mit einem ausgebrannten Team zu tun hat.

3. Depersonalisierung: „Ich kann niemanden mehr ertragen."
Burnout ist immer auch eine Beziehungserkrankung. Zynische und sarkastische Gefühle oder abwertende und gleichgültige Kommentare sind typisch. Die anderen werden nicht

mehr in ihrer Persönlichkeit wahrgenommen, sondern sind negativ besetze Objekte. Typische Sätze für Depersonalisierung sind: „Meinen Chef kann ich nicht mehr ertragen." „Ich kann mich nicht mehr überwinden, mit meinen Kollegen zu arbeiten." Obwohl gerade auch Burnout multifaktoriell bedingt ist, finden viele Betroffene monokausale, erschreckend vereinfachte Ursachenzuschreibung.

Ein Beispiel: *Der Pfarrer wird – weil er gerade Vorsitzender des Presbyteriums ist – zum Buhmann depersonalisiert, weil er dem Küster die Kündigung der Dienstwohnung überreichen musste. Der betroffene Küster fühlt sich als Opfer einer Intrige und ignoriert, dass seit Jahren über den anstehenden Verkauf des Gemeindehauses diskutiert wurde, in dem seine Dienstwohnung liegt. Sarkastisch beschreibt er seine zukünftige Obdachlosigkeit, obwohl ihm bereits eine andere Wohnung angeboten wurde. „Mit so einem kann ich nicht mehr zusammenarbeiten.", sagt er über den Vorsitzenden des Presbyteriums.*

Wer an Burnout erkrankt, hat lange, oft über Jahre, Raubbau an seinem Körper und an seiner Seele betrieben. Nicht eine einzige Überanstrengung, sondern andauernde Überforderung führen zum Erschöpfungssyndrom.

Viele Menschen leiden unter Dauerstress. Spannungsabbau und Entspannungsreaktion gelingen seltener. Die Folge ist ein ständig erhöhter Cortisolspiegel. Was für Krisensituationen als letzte Reserve gedacht war, wird zum Dauerzustand. Aber ein Zuviel an Cortisol setzt besonders dem Immunsystem zu und schwächt die Abwehrkräfte.

Dabei ist zu bedenken, dass Stressbelastung auf vielen Ebenen entstehen kann. Die Gründe für Überforderung liegen manchmal in der Person oder den privaten Bezügen. Manchmal finden sich die Belastungsfaktoren vor allem in beruflichen Kontexten, den Kollegen, den Vorgesetzten, der Institution.

Im Gegensatz dazu gibt es auch die Belastung durch Langeweile, Desinteresse und Unterforderung. „Boreout" ist ein Pendant zum Burnout. Dass ein Zuviel an Arbeit in den Burnout treiben kann, gehört zum Allgemeinwissen. Nicht aber, dass offenbar etwas ganz Ähnliches geschehen kann, wenn Menschen in ihrem Beruf oder in ihrem Privatleben über einen längeren Zeitraum gelangweilt und unterfordert sind. Permanente Monotonie sowie die Diskrepanz zwischen Fähigkeiten und Anforderungen führen ebenfalls zu Stressreaktionen.

Nach neuester Studienlage sind immer mehr Beschäftigte frustriert, weil sie im Job zu wenig oder falsch gefordert werden, und ein großer Prozentteil leidet darunter, dass er zu wenig zu tun hat.[56]

Ich erinnere mich an ein Coaching mit einem Sachbearbeiter in der kirchlichen Verwaltung. Er sagte: „Ich finde meinen Job so öde. Jeden Tag mache ich dasselbe. Es ist so anstrengend, den ganzen Arbeitstag meine Langeweile zu verbergen."

Ergebnis des Coachings war, dass er die Abteilung wechselte. Schon nach kurzer Zeit wurde ihm am neuen Arbeitsplatz die Teamleitung übertragen. Endlich entsprachen die Anforderungen seinen Fähigkeiten.

Ist ein Arbeitnehmer unterfordert und nicht ausgelastet, versucht er in der Regel und paradoxerweise diesen Zustand aktiv aufrechtzuerhalten. Er spielt den Beschäftigten, weil er irrtümlich davon ausgeht, es sei erstrebenswert, bei der Arbeit wenig bis nichts zu tun. Auch hier muss der Blick der Führungskräfte geschärft werden, denn Boreout ist ein noch unterschätztes Syndrom.

1.1.3 Depression – Wenn das Glas immer halbleer ist

Wenn es um die Unterscheidung von Erschöpfung, Burn- oder Boreout und Depression geht, ist es zunächst wichtig zu wissen, dass Depression eine unterschätzte Volkskrankheit ist. Fast jeder fünfte Bundesbürger leidet in seinem Leben einmal an einer Depression, Frauen doppelt so häufig wie Männer.[57] Damit hat jeder gute Chancen, in regelmäßigen Abständen auf depressive Menschen zu treffen – entweder privat oder beruflich, in der Familie, im Verein, in der Nachbarschaft oder eben im beruflichen Umfeld. Da sich nicht nur in den Gemeinden generell, sondern auch in so manchem kirchlichen oder diakonischen Mitarbeiterteam die Mühseligen und Beladenen zusammenfinden, sollte jede Führungskraft damit rechnen, dass auch einer seiner Angestellten an einer Depression erkrankt sein könnte. Daher ist es sinnvoll, ein wenig mehr über Depression zu wissen. Depression ist immer noch ein Tabu.

Ein Betroffener beklagt: In meinem Freundeskreis erzählen alle von ihren Erkrankungen: „Selbst wenn sie an Prostatakrebs, Hämorrhoiden oder an Hepatitis C leiden. Aber wenn ich von meiner Depression erzähle, gucken alle verschämt auf den Boden."

Es ist an der Zeit, Depression deutlich stärker in den Fokus zu nehmen, denn jedes Jahr sterben in Deutschland immer noch mehr als 10.000 Menschen an Suizid. Die Quote der Selbstmordversuche liegt zehnmal so hoch. Suizid ist aber im Regelfall Folge einer depressiven Erkrankung, d. h. dass in Deutschland jährlich mehr Menschen an den Folgen einer Depression sterben als durch Verkehrsunfälle, Mord, illegale Drogen und Aids zusammen.[58] Weil die Krankenkassen die Zahl der Menschen, die an Hautkrebs sterben, verringern wollten, haben alle gesetzlich Versicherten ab 35 Jahren alle zwei Jahre einen Anspruch auf eine Früherkennungsuntersuchung, das sog. Hautkrebsscreening. An Depressionen sterben aber

2,5 mal so viele Menschen. Warum wird uns also kein regelmäßiges Depressionsscreening angeboten? Der Grund liegt meines Erachtens darin, dass sich immer noch nicht herumgesprochen hat, dass Depression einerseits eine sehr ernsthafte, andererseits aber auch eine sehr gut behandelbare Erkrankung ist. Grundsätzlich sind Besserung und Heilung bei über 80 % der an Depression Erkrankten erreichbar. Die verbleibenden 15-20 % erreichen zwar keine Symptomfreiheit, können aber häufig in ihren Familien leben und sind meist sogar arbeitsfähig.

Depression wird häufig unterschätzt und irgendwo zwischen Einbildung, Selbstmitleid und „Katzenjammer" eingeordnet. Damit wird sie bagatellisiert und banalisiert. Andererseits ist die Erkrankung sehr schambesetzt und stigmatisiert. Wer kennt das nicht, dass über den Flurfunk verbreitet wird:

„Hast du schon gehört? Der neue Mitarbeiter hat ja mal 'ne Depression gehabt. Der war sogar schon in der Klapse."

Solche Sprüche machen Angst, führen dazu, dass eine depressive Erkrankung eher verschleppt wird. Aber wie bei einer verschleppten Grippe hat das fatale Folge. Die Erkrankung chronifiziert sich, weil sie verkannt, verharmlost und nicht fachärztlich behandelt wird. Bei einem gebrochenen Bein zögern wir keinen Augenblick, einen Kollegen darin zu unterstützen, umgehend einen Chirurgen aufzusuchen. Mit einer gebrochenen Seele warten wir, bis es nicht mehr geht, sehen dabei zu, wie der Kollege oder Mitarbeitende viel zu lange allein herauszukommen versucht.

Ist es für eine Führungskraft überhaupt möglich, eine behandlungsbedürftige Depression zu erkennen? Natürlich gehört Diagnostik nicht zum Aufgabenspektrum einer Führungskraft. Aber mehr Wissen und hinreichende Kenntnisse über die Erkrankung und die Behandlungsmöglichkeiten können helfen, psychische Erkrankungen früher wahrzunehmen.

Auch wenn es schwierig ist und die Grenzen oft fließend sind, gibt es sichere Zeichen für eine depressive Erkrankung:

1. Selbsttötungsdanken und Suizidabsichten: Die äußern sich häufig in Sätzen wie: „Das hat doch alles keine Sinn." „Ich halte es nicht mehr aus." „Am liebsten würde ich einschlafen und nicht mehr aufwachen."

2. Tiefe Traurigkeit: Bei schweren Depressionen ist die Fähigkeit, irgendeine Art von Freude zu empfinden, wie abgeschaltet. Das Gefühl der Depression lässt sich beschreiben, „als wäre der Hauptwasserhahn zu einem Haus zugedreht, so dass aus jedem Wasserhahn im Haus nur noch Tropfen kommen."[59] Während Verliebte alles durch eine rosarote Brille sehen, sind die Gläser der Depressiven grauschwarz gefärbt.

3. Verlust von Interesse: Schwere Depressionen sind mit dem Gefühl innerer Versteinerung verbunden. Nicht mehr fühlen können, selbst nicht mehr traurig sein können, sind wichtige Symptome der Depression. Depressive fühlen sich niedergeschlagen, haben das Gefühl: „Alles ist sinnlos. Es hat doch keinen Wert. Ich schaff' das sowieso nicht." Das Interesse lässt nach – vor allem an Dingen und Menschen, die zuvor wichtig und wertvoll waren, z. B. an den Kindern und Enkelkindern, aber auch an beruflichen Projekten oder dem geselligen Beisammensein im Kollegenkreis.

4. Übersteigerte Schuldgefühle: Die Neigung zu übertriebenen Schuldgefühlen und Selbstvorwürfen ist typisch für eine Depression. Gesunde Menschen verfügen über eine Reihe von Mechanismen zur Selbstregulation. So bewahren

wir bei alltäglichen Fehlern und Versagensängsten das eigene Selbstwertgefühl und können das Gefühl aufrechterhalten: „Ich bin wer! Ich kann was!" Der Depressive sucht die Schuld dagegen immer nur bei sich. Dazu gehören Aussagen wie: „Ich habe versagt! Ich bin weniger wert als andere. Ich bin schuld. Ich genüge nicht." Dem entsprechen dann negative und pessimistische Zukunftserwartungen. Fragt man einen depressiven Menschen, ob ein Wasserglas halbvoll oder halbleer ist, wird er immer antworten: halbleer.

5. Schlafstörungen: Dazu kommen oft ein frühmorgendliches Erwachen und Grübelattacken. Ein ausgeprägtes Morgentief sowie eine Stimmungsaufhellung am Abend weisen eher auf eine depressive Erkrankung.

6. Einengung im Denken: Der Depressive verliert die innere Freiheit, unterschiedliche Sichtweisen einzunehmen. Eine Situation kann nur noch unter einem negativen, schwarz malenden Blickwinkel betrachtet werden. Der Grund dafür liegt in einer hohen Leistungsorientierung. 150 % Leistung gilt in ihrem Wertesystem als zu wenig. Jegliches Zurückbleiben hinter dieser Norm wird als persönlich schuldbesetztes Versagen erlebt, das immer sich selbst zugeschrieben wird.

7. Körperliche Symptome: Bei einer psychischen Erkrankung wie der Depression finden wir aber nicht nur psychische Symptome. Typische somatische Hinweise sind Gewichtsabnahme, Appetitlosigkeit, unruhiger Schlaf, Druck- und Engegefühl im Hals und über der Brust, Schweißausbrüche und Herzklopfen, Rheuma-ähnliche Schmerzen, sexuelle Lustlosigkeit, Kraftlosigkeit und rasche Erschöpfbarkeit.

Wie wird eine Depression festgestellt?

Im deutschen Sprachraum richten sich Ärzte nach dem von der Weltgesundheitsorganisation herausgegebenen Einteilung ICD 10 (International Classfication of Diseases). Um die Diagnose einer unipolaren Depression stellen zu können, müssen zwei Haupt- und mindestens zwei Nebensymptome vorhanden sein.[60]

Um eine Depression zu diagnostizieren, müssen zwei Haupt- und zwei Nebensymptome über mehrere, mindestens aber zwei Wochen unverändert anhalten und auch durch sozialen Kontakt unbeeinflussbar erscheinen. Je mehr Symptome zutreffen und je länger diese unvermindert anhalten, desto schwerer ist die Depression. Unterschieden wird zwischen leichten, mittelgradigen und schweren depressiven Episoden.

Haupt- und Nebensymptome der Depression

Hauptsymptome sind:

1. Verlust von Interesse und Freude besonders an normalerweise angenehmen Aktivitäten,
2. gedrückte Stimmung, verbunden mit mangelnder Fähigkeit, auf eine freundliche Umgebung oder freudige Ereignisse emotional zu reagieren,
3. und verminderter Antrieb, so dass kleinste Aufgaben als unüberwindbar und große Belastung empfunden werden.

Nebensymptome sind:

1. Konzentrationsprobleme
2. Mangelndes Selbstwertgefühl
3. Schuldgefühle und Gefühle von Wertlosigkeit
4. Negative und pessimistische Zukunftsperspektiven
5. Suizidgedanken oder erfolgte Selbstverletzung oder Suizidhandlungen
6. Schlafstörungen
7. Deutlich verminderter Appetit (meist verbunden mit ungewolltem Gewichtsverlust)

1.2 Wie kann man nun Burnout und Depression auseinanderhalten?

Während Burnout durch Stress und faktische Überbelastung entsteht und sich auf konkrete Lebensbereiche bezieht, geht es bei der Depression um eine komplette Lebensunlust. Der Depressive sucht sich, was es an Negativem im jeweiligen Leben gibt. Da an Problemen bei den meisten Menschen kein Mangel herrscht, wird der Depressive schnell fündig. Die individuellen Schwierigkeiten werden ins fast Unermessliche vergrößert und ins Zentrum des Erlebens gerückt. Damit erscheinen schwierige Lebensereignisse als riesenhaft und ausweglos.[61]

Auslöser

Beim Burnout liegen Auslöser und Ursache der Symptomatik in einer Selbst- bzw. Fremdüberforderung.

Depressiv Erkrankte haben jedoch in der Regel das Gefühl tiefer Erschöpfung, ohne dass eine äußere Überforderung vorausgegangen wäre. Manche depressive Episoden werden durch negative Lebensereignisse wie beispielweise den Verlust des Arbeitsplatzes oder die Trennung von Partnern, aber auch durch positive Veränderungen wie einen längeren Urlaub, eine Beförderung, den Kauf eines Hauses verstärkt (getriggert). Manchmal gibt es auch keine signifikanten Auslöser.

Kontextbezug

Burnout ist immer kontextbezogen, d. h. die Überforderung in bestimmten Lebensbereichen existiert wirklich und ist auch für andere nachvollziehbar.

Depression ist kontextfrei, d. h. das Gegenüber versteht nicht, warum das Problem so unüberwindbar erscheint.

Das führt dazu, dass an Burnout Leidende immer wieder auch unbeschwerte Phasen erleben, während Depression als Dauerzustand beschrieben wird.

Schuldempfinden

Burnoutgefährdete suchen die Schuld bei anderen: Sie regen sich über Arbeitsbedingungen, über Vorgesetzte und Kollegen auf, geben den Eltern, Partnern, Kindern die Schuld, beklagen gesellschaftliche oder institutionelle Missstände.

Depressive suchen die Schuld vor allem bei sich selbst, fühlen sich minderwertig: „Ich bin ein Nichts und ein Niemand. Was habe ich nur getan, dass das Leben mir so übel mitspielt?"

Erste Symptome

Burnout beginnt mit erhöhter Aktivität und Überspringen von Erschöpfungszuständen.

Depression beginnt mit Antriebs- und Lustlosigkeit.

Verlauf

Bei der Burnout-Behandlung geht es um konkrete Veränderungen im Leben und die Frage, wie Belastungen nachhaltig reduziert werden können.

Bei der Depression ist das anders. Da ist zu beobachten, dass nach erfolgreicher Behandlung Hoffnung, Energie und Lebensfreude zurückkommen, obwohl die Probleme bestehen bleiben. Die Herausforderungen werden wieder zu einem Teil des bewältigbaren Lebens.

Burnout ist etwas Zielgerichtetes im Sinne einer Entwicklung in eine neue Zukunft hinein. Depression ist dagegen apathisch und antriebslos. Depressive wirken innerlich erstarrt und verharren im Leid wie in einem Käfig.

Tabelle zur Unterscheidung von Burnout und Depression

Burnout	Depression
Entsteht durch Stress und Überforderung	Entsteht unabhängig von Überforderung
Bezieht sich auf konkrete Lebensbereiche	Komplette Lebensunlust
Kontextbezogen	Kontextfrei
Es gibt auch unbeschwerte Phasen.	Dauerzustand
Suchen die Schuld bei anderen	Geben sich selbst die Schuld
Beginnt mit erhöhter Aktivität	Beginnt mit Antriebslosigkeit
Braucht Verringerung der Belastung	Ist unabhängig von Belastung
Ist zielgerichtet auf eine neue Zukunft hin	Ist apathisch und antriebslos
Weckt Mitgefühl beim Gegenüber	Erregt beim Gegenüber Gefühle von Ohnmacht, Hilflosigkeit, Ungeduld, Ärger

Möglichkeiten der Differenzierung

Die Unterschiede der beiden Symptomatiken spüren Mitmenschen deutlich, weil sie auf beide Krankheitsbilder emotional verschieden reagieren. Hier spielt die Gegenübertragung oder Resonanz eine diagnostische Schlüsselrolle.

Weil wir die Überforderung grundsätzlich nachvollziehen können, schwingen wir bei Menschen mit Burnout eher emphatisch mit. Wir empfinden Mitleid. Auf jeden Fall vermag ein von Burnout Betroffener bei uns eigene Gefühle von Erschöpfung und Überforderung wiederzubeleben. Menschen mit Burnout sind bei allen ambivalenten Gefühlen in der Lage, grundsätzlich eine zuversichtliche Zukunftsperspektive zu entwickeln, haben die Fähigkeit, Trost zu suchen, und erleben die Belastungssituation subjektiv als schweren, aber doch veränderbaren Ausnahmezustand.

Weil wir die tiefe Niedergeschlagenheit der Depressiven nicht wirklich nach- und mitempfinden, reagieren wir in der Gegenübertragung zunehmend genervt und abweisend, Wir fühlen uns ohnmächtig, spüren Ungeduld, sind gereizt, manchmal sogar ärgerlich. In der depressiven Verarbeitung geht es oft nicht um konkrete äußere Faktoren. Die Themen sind austauschbar. Die monotonen Selbstbezichtigungen machen ungeduldig und gereizt.[62] Der Depressive beschäftigt sich mit dem eigenen Leiden und dem Selbstmitleid. Ein Beispiel:

Ein Mentor erzählte von seinem Vikar mit Prüfungsangst. Er schrieb gerade seine Examensarbeit. Komplett verzweifelt von einer tiefen unspezifischen Traurigkeit erfasst, zog er sich zurück, verbrachte Tage im Bett und klagte über die eigene Lebens- und Leistungsunfähigkeit. Er malte schwarz und bemitleidet sich in seinem eigenen Kummer: „Mir ist vorherbestimmt, dass mein Leben so schwer verläuft. Ich bin immer derjenige, der im Leben leiden muss, anderen geht es gut, nur bei mir ist immer alles schlecht.“ Sein Mentor reagierte mit Distanz. Das ständige Jammern und das permanente Selbstmitleid führte im Kontakt zu schwer erträglichen Gefühlen von Macht- und Nutzlosigkeit.

Erst im Coaching wurde dem Mentor klar, dass sein zunächst schambesetzter Ärger und sein deutlicher Wunsch nach Abgrenzung und Distanz wichtige diagnostische Hinweise waren.

1.3 Warum ist die Differentialdiagnose so wichtig?

Die Unterschiede bei Burnout und Depression haben Folgen für die Therapie. Wer an Burnout leidet, braucht in erster Linie Ruhe und Erholung. Weniger Termine, länger schlafen, Urlaub machen, eine Auszeit, vielleicht sogar ein Sabbatjahr sind gute Bewältigungsstrategien.[63] Meist geht es darum, Belastungen – beruflich und privat – zu reduzieren, mehr Zeit für sich und für Erholung zu haben, Müßiggang zu lernen, um so wieder genuss- und leistungsfähig zu werden. Die Einhaltung von Arbeits- und Pausenzeiten, möglichst gesunde und regelmäßige Mahlzeiten, ausreichend Schlaf und moderater Ausdauersport führen zur Stabilisierung. Burnouterkrankte erleben es als wichtige Ressource, wieder souverän über die eigene Zeit zu verfügen, selbstbestimmter und weniger fremdbestimmt zu arbeiten und zu leben. Gesunde Führung kann hier segensreich wirken, indem emotional kompetent und verständnisvoll die Einhaltung von Arbeits-, Pausen- und Urlaubszeiten unterstützt wird. Ein Satz wie „Ach, Herr M. geht schon wieder nach Hause!“ ist sicher nicht gesundheitsförderlich. Stattdessen ist der ehrliche Wunsch: „Genießen Sie Ihren Feierabend!“ ein kleiner, aber nicht unwesentlicher Beitrag für ein gesundes Arbeitsklima.

Bei Depressiven sind Erholung und Urlaub, längere Schlafphasen und Ruhezeiten nicht nur nicht zielführend, sondern sogar gefährliche Gegenmaßnahmen. Bei depressiven Menschen führen längere Schlaf- und Ruhezeiten anders als erwartet zu einer Zunahme ihrer Erschöpfung und bewirken eine weitere Stimmungsverschlechterung. Ein systematischer, ärztlich begleiteter Schlafentzug in der zweiten Nachthälfte ist dagegen eine etablierte und wirksame antidepressive Behandlung. Auch Urlaube sind für Depressive oft schwierig. Da die Depression mitreist, wird der eigene Zustand mit Antriebsstörung und der Unfähigkeit, irgendeine Freude zu empfinden, oft besonders bedrückend und schmerzlich erlebt.

Insofern ist auch eine Krankschreibung nicht automatisch die beste Lösung. Bei schweren Depressionen ist sie unvermeidlich. Bei leichten Depressionen muss dagegen im Einzelfall entschieden werden. Denn die Einbindung in feste und verlässliche Tagesabläufe ist ein wichtiger Teil der Therapie bei Depressiven. Fällt diese Tagesstruktur weg, verstärkt das die Grübelneigung. Ein Beispiel:

Ein Klient arbeitet als leitender Angestellter einer kirchlichen Bildungseinrichtung. Die Anforderungen des Arbeitsalltags, der strukturierte Tagesablauf durch die Einbindung in den Arbeitsrhythmus helfen ihm, weniger über seine Situation nachzudenken, und vermindern die Grübelneigung, die ihn sofort überfällt, wenn er nach Hause zurückkehrt. Sein Chef weiß um die depressive Erkrankung und hat im Blick, dass das rechte Maß an Aktivität eine wichtige Frage im Umgang mit Depressiven ist.

Jede Überforderung bestätigt den Depressiven in seinem Minderwertigkeitsgefühl: „Ich habe wieder einmal versagt." Jede Unterforderung bestätigt die negative Selbsteinschätzung: „Nicht einmal das traut man mir mehr zu."

Ein depressiver Mensch braucht nicht nur sehr viel Verständnis, Nähe und Akzeptanz, er muss auch selbst die Erfahrung machen, dass er trotz Insuffizienz-, Versagens- und Wertlosigkeitsgefühl zumindest ein Stück Struktur aufrechterhalten und aktiv bleiben kann.

Depressive Erkrankungen haben sowohl psychosoziale als auch neurobiologische Ursachen. Handelte es sich in der Vergangenheit bei diesen Alternativen noch um eine Art Glaubensfrage, werden heute, wenn möglich, beide Ansätze miteinander kombiniert, gelten als zwei Seiten einer Medaille. Das hat direkte Auswirkungen auf die Art der Behandlung.

Tabelle zu Ursachen und Behandlungswegen bei Depression

	Psychosoziale Aspekte	**Neurobiologische Aspekte**
Belastungsfaktoren	Negative Lebenserfahrung, Traumatisierung	Genetische Faktoren
Auslöser	Kritische Lebensereignisse, emotional aufgeladene Veränderungen	Überaktivität der Stresshormonachse
Symptomatik	Depressive Symptomatik: Niedergeschlagenheit, Antriebslosigkeit, Freudlosigkeit etc.	Dysfunktion der Neurotransmitter Serotonin/Noradrenalin
Therapie	Psychotherapie	Pharmakotherapie

Bestimmte Voraussetzungen machen es wahrscheinlicher, im Laufe eines Lebens an einer Depression zu erkranken. Dazu gehören genetische Faktoren und auch ein schlechter Start ins Leben. Negative Lebenserfahrungen in der Kindheit oder Traumatisierungen erhöhen das Risiko signifikant. Frühkindliche Erfahrungen, lerngeschichtliche Aspekte, biologische und genetische Faktoren bilden zusammen ein multikausales Ursachenmodell für das Entstehen von Depression. Ausgelöst werden Depressionen durch kritische Lebensereignisse und emotional aufgeladene Lebensereignisse.

Eindrücklich ist mir ein Baukirchmeister vor Augen, der depressiv wurde, als er selbst ein Haus baute. Als die Baugrube ausgehoben wurde, erfasste ihn eine undurchdringliche Traurigkeit. Er, aber auch sein Umfeld, verstanden die Welt nicht mehr, weil es immer sein großer Traum war, ein eigenes Haus zu besitzen. Erst in der Therapie fand er heraus, dass ihn die tiefe Baugrube an die Massengräber erinnerte, die er als kleiner Junge im Krieg gesehen hatte.

Die Therapie der Depression ruht auf zwei Säulen: die Behandlung mit Medikamenten und die Psychotherapie. Beide haben den Nachteil, dass eine Zeit verstreicht, bis die Wirkung einsetzt. Antidepressiva wirken nicht sofort, wie wir das von Schmerzmitteln kennen. Sie brauchen zwei bis drei Wochen, bis sie ihre vollständige antidepressive Wirkung entfalten. Und auch Psychotherapie führt zwar nachhaltig, aber eben auch erst nach einigen Sitzungen zur Verbesserung der Symptomlast. Die Behandlung von Depression gehört in fachärztliche und/ oder psychotherapeutische ausgebildete Hände.[64]

1.4 Was Führungskräfte im Umgang mit Depressiven tun können?

Führungskräfte berichten, dass sie sich im Umgang mit Depressiven oft hilflos und unsicher fühlen. Folgende Hinweise können die Begegnung erleichtern:

Alle Formen der Bagatellisierung („Kopf hoch, das wird schon wieder“) und alle Formen der Relativierung („Wir haben alle unser Päckchen zu tragen. Stell dich nicht so an.“) sollte man möglichst vermeiden. Ebenso sind alle Formen von Überdramatisierung und Überaktivismus mit Depressiven fehl am Platz. Argumentieren ist unnötig. Sinnvoll ist es, den Konsens über den Dissens festzustellen nach dem Motto: „Sie erleben das so, ich erlebe das anders.“

Das fällt leichter, wenn man im Blick hat, dass es bei den Reaktionen, die depressive Menschen zeigen, nicht um ein Nicht-Wollen, sondern um ein Nicht-Können geht.

Für die Führungskräfte, Kollegen und Mitarbeitenden ist es zwar schwer, aber notwendig, die Hoffnungslosigkeit, die manche depressiv Kranken insbesondere in der tiefen Depression verbreiten, nicht zu übernehmen, sich nicht anstecken, sich nicht infizieren zu lassen, denn sonst wird wichtige Zeit versäumt.

Denn je rascher die Behandlung beginnt, desto besser sind die Heilungschancen. Bei schwersten Formen der depressiven Erkrankung, z. B. bei der wahnhaften Depression oder auch bei einer depressiven Erkrankung mit hoher Suizidgefährdung, sollte der Kranke ohne Zögern in eine Klinik gebracht werden. Denn dann kann es um Tod und Leben gehen.

Hoffnungslosigkeit, Schuldgefühle, Wertlosigkeit, Suizidideen – insbesondere wenn der Betroffene nicht krankheitseinsichtig ist und in wahnhafter Weise sich eher als schlechter, schuldiger Mensch und nicht als krank sieht – sind wichtige Hinweise auf umgehende Behandlungsbedürftigkeit. Kein Mensch wartet bei einem Patienten mit akutem Herzschmerzen und Verdacht auf Herzinfarkt mit der Einweisung in eine Klinik. Auch für Schwer- und Schwerstdepressive geht es um Leben und Tod.

Weil es in Deutschland noch immer viel zu viele Suizide gibt, wurde ein Kompetenznetz Depression gegründet, das in Nürnberg mit einem Modellprojekt startete. In Nürnberg leiden schätzungsweise 25.000 Menschen an einer Depression. Man machte sich zur Aufgabe, Multiplikatoren wie Hausärzte, Pflegepersonal, Berater, Lehrer und Pfarrer zum Thema Depression weiterzubilden, so dass die Angehörigen medizinischer und sozialer Berufe schneller auf die Krankheit aufmerksam wurden und den Betroffenen wirksamer geholfen werden kann. Die Suizidrate in Nürnberg sank bereits nach dem ersten Kampagnenjahr um 25 %. Dies zeigt, wie wichtig es ist, mehr über Depression zu wissen.[65] Und es macht ebenso deutlich, dass auch Führungskräfte gut daran tun, zwischen Erschöpfung, Burnout und Depression unterscheiden zu können.

2 Gesundheitsmanagement in Veränderungsprozessen

2.1 Wer führt in Zeiten der Veränderung?

„Ecclesia semper reformanda est“ – die Kirche muss ständig reformiert werden.[66] Was neutestamentlich gewollt, theologisch begründet, kirchengeschichtlich erwiesen ist, wird kein Mitarbeitender öffentlich in Frage stellen.

Die Erfahrung zeigt jedoch, dass Veränderungen in der Kirche und in den kirchlichen Werken individuell und vor allem gruppendynamisch schwieriger sind als zunächst angenommen. Bisweilen gleichen sie einem unmöglichen Unterfangen.

Führungskräfte nehmen dabei häufig eine anstrengende Sandwich-Position ein. Einerseits sind sie in vielen Bereichen von Veränderung betroffen, Veränderungen, die sie selbst nicht zu verantworten haben, sondern die ihnen aufgebürdet werden. In anderen Fällen gehören sie selbst zu der Gruppe der Entscheider, also derjenigen, die Veränderung initiieren.

Diese Doppelrolle ist nicht immer leicht. Besonders wenn große organisationale Changeprozesse anstehen, ist gesunde Führung gefragt, damit möglichst viele gut, zufrieden und wohlbehalten weiter ihren Dienst tun können. Umstrukturierungen, Personalabbau, Zusammenlegung von Abteilungen, Gemeinden oder Arbeitsbereichen bergen ein hohes Burnoutpotential. Aufgabe der Führungskräfte ist, neben der möglichst reibungslosen Umsetzung der Maßnahmen vor allem in ausreichendem Maß für die Gesundheit ihrer Mitarbeitenden zu sorgen.

Noch gut im Ohr habe ich den Wunsch einer Erzieherin im gemeindeeigenen Kindergarten: „*Wenn unser Pfarrer wenigstens einmal im Monat mit uns sprechen würde. Einfach mal nachfragen, wie es uns mit den Veränderungen so geht.*“

Oder der Mitarbeiter in der kirchlichen Verwaltung: „*Wenn mein Superintendent sich ab und zu einmal anhören würde, was die Einführung des neuen kirchlichen Finanzwesens an Ärger in den Gemeinden produziert hat und was ich mir täglich an Vorwürfen anhören muss. Aber er interessiert sich nur dafür, warum eine Rechnung noch nicht überwiesen oder ein Papier noch nicht verfasst ist.*“

Hinter den Aussagen steht der nachvollziehbare Wunsch, mit den eigenen Belastungen gesehen und verstanden zu werden. Gerade in Zeiten des Wandels muss Arbeit menschengerecht gestaltet werden. Dabei geht es nicht nur um das körperliche, sondern vor allem um das psychische Wohlbefinden der Mitarbeitenden.

Das ist besonders in den vielen Ortsgemeinden nicht leicht. Erschwert wird die gesunde Gestaltung der notwendigen Veränderungsprozesse, weil viele Pfarrer sich bisher nicht als Führungskraft verstehen und weil veränderungsunwillige Mitarbeitende schnell Unterstützer in der Gemeinde finden. Pfarrer absolvieren nur in Ausnahmefällen Führungskräftefortbildungen, sind eher selten mit modernen Managementtechniken vertraut, tun sich manchmal schwer, ein eigenes und positives Bild von Führung zu begründen, und nehmen nur zögerlich Supervision und Coaching in Anspruch.

Ein Gemeindepfarrer bekennt: „Hätte ich gewusst, was man alles im Coaching lernen, reflektieren und sortieren kann, ich hätte mir so manchen Konflikt erspart. Ich dachte immer: Ich brauche das nicht. Ich schaff das schon allein. Dabei hilft es schon, die Dinge einfach zu erzählen. Und wenn mein Coach mir dann Fragen stellt, die ich mir so nie gestellt hätte, gehe ich aus jeder Sitzung mit Gewinn heraus. Warum habe ich das nicht früher gemacht?"

Und in der Tat sind viele Führungskräfte in Kirche und Diakonie nicht gut auf ihre Führungsaufgabe vorbereitet. Es gilt fast ein bisschen anrüchig, wenn man sich für das eigene Leitungshandeln durch Seminare weiterbildet.

„Fühlst du dich etwa zu Höherem berufen?", fragt eine Pfarrerin ihren Kollegen, als er davon erzählt, dass er eine Workshop-Reihe bei einer Führungsakademie gebucht hat. Der Angesprochene erwidert: „Vielleicht. Aber vor allem brauche ich jetzt mehr Wissen und Handwerkszeug. Denn seitdem ich Gemeindepfarrer bin, trage ich Verantwortung für zehn Mitarbeitende."

Die unzureichende Ausbildung in Führungsfragen rächt sich besonders in der augenblicklichen Finanz- und Relevanzkrise, die manche schmerzliche Veränderung in kirchlichen Strukturen nach sich zieht. Viele Prozesse werden zurzeit parallel angestoßen.

Das erzeugt Unsicherheit. Deshalb sind Führungskräfte gefragt, die ihre Rolle klar annehmen und ausfüllen, die angepeilten Ziele deutlich kommunizieren, keine falschen Sicherheiten vortäuschen, sondern exemplarisch und damit wegweisend ihre eigenen Unsicherheiten und Befürchtungen ansprechen und bewältigen und auf diese Weise ihren Mitarbeitenden ausreichend Vertrauen geben und für Angstreduktion sorgen.[67]

2.2 Das Kreuz mit der Gewohnheit

Nicht alles, was die Leitungsgremien als sinnvolle Maßnahmen beschlossen haben, lässt sich in die Tat umsetzen, und vor allem nicht so schnell, wie es manchmal nötig erscheint. Denn Veränderungen fallen Menschen schwer. Das gilt schon für Veränderungen im persönlichen Leben. Aber dort, wo viele Individuen mit vielfältigen Hintergründen und Interessen aufeinandertreffen, nämlich in Institutionen und Organisationen, sind Veränderungsprozesse noch viel zäher und komplexer. Auch kleine strukturelle Veränderungen in der Institution Kirche und in diakonischen Organisationen sind meist große Herausforderungen für die Planer und für die Betroffenen.

Meist ist es gar nicht so leicht, das, was als richtig erkannt wurde, nachhaltig umzusetzen und vor allem beizubehalten. Das gilt auch in Bezug auf das eigene Führungsverhalten. Menschen tun sich – obwohl die meisten ein anderes Selbstbild haben – grundsätzlich nicht so leicht mit Veränderung, selbst dann, wenn die angestrebte Veränderung sinnvoll und logisch erscheint.

Wissen Sie, was für ein Veränderungstyp Sie sind?

- Sind Sie jemand, der eher große Lust an Neuem hat?
- Oder gehören Sie zu den Menschen, die die Vorzüge des Vertrauten und Bekannten genießen wollen?
- Verbringen Sie Ihren Urlaub lieber jedes Jahr am selben Ort, oder suchen Sie sich Jahr für Jahr ein neues Ziel?

Menschen haben sehr unterschiedliche Vorlieben, wenn es um Veränderungen geht. Aber ganz allgemein gilt: Eingeschliffene Verhaltensweisen und Denkmuster sind sehr hartnäckig. Fol-

Hartnäckige Gewohnheiten
Falten Sie Ihre Hände und nehmen Sie bewusst wahr, welcher Daumen über dem anderen liegt. Liegt bei Ihnen der rechte oder der linke Daumen oben? Und nun machen Sie es einfach anders herum, so dass der zunächst unten liegende Daumen oben liegt. Was ist das für ein Gefühl?

gende kurze Übung[68] kann die Macht von Gewohnheit verdeutlichen: Die meisten Menschen beschreiben nach dem kleinen Experiment die veränderte Daumenhaltung als komisch oder ungewohnt. Irgendwie ist die alte Position angenehmer als die neue, obwohl es ziemlich gleichgültig ist, welcher Daumen oben und welcher unten liegt. Aber das alte Gefühl ist erst mal besser. Erst langsam gewöhnt man sich an die neue Stellung. Sehr schnell verändern Menschen wieder die Haltung der Daumen und springen in die vertraute Stellung zurück.

Neues auszuprobieren ist meist noch möglich. Aber Gewohnheiten wirklich nachhaltig zu verändern, stellt sich als gar nicht einfach heraus. Die eigene Gewohnheit ist bereits die erste Hürde, die es auch bei der Verbesserung des eigenen Führungsverhaltens zu überwinden gilt. Die größte Schwierigkeit liegt dabei nicht darin, etwas Neues zu testen, sondern darin, eine alte Handlungsweise dauerhaft zu lassen.

Das liegt unter anderem an den Grundstrukturen unseres Gehirnes. Das Gehirn ist im Grunde wie ein Straßennetz organisiert. Es gibt Autobahnen, Nebenstraßen, Waldwege und Trampelpfade. In Stresssituationen (und Veränderungen werden oft als solche erlebt) benutzt unser Gehirn die vertrauten und gut ausgebauten Wege, um schnell und effektiv handeln zu können. Das ist grundsätzlich sehr sinnvoll. Stellen Sie sich vor, Sie müssten mit dem Auto eine Vollbremsung machen. Wer da lange überlegt, welche Handlungsoptionen grundsätzlich auch noch möglich wären, kommt nicht rechtzeitig zum Stehen. Daher führen häufige gleich ablaufende Aktivitäten und sich wiederholende Handlungen dazu, dass sich in unserem Gehirn quasi Schnellstraßen bilden. Wir denken nicht mehr darüber nach, was zu tun ist, sondern handeln automatisch. Wenn wir aber neue Handlungsweisen implementieren wollen, müssen wir – um im Bild zu bleiben – Nebenwege aus- und umbauen. Das ist mit Mühe, Zeit und Energie verbunden.

Wer nicht nur kurzfristige, sondern nachhaltige Veränderung initiieren möchte, muss sich daher mit der Macht der Gewohnheit beschäftigen.

Wenn Führungskräfte Veränderungsprozesse in Organisationen und Intuitionen begleiten, hat es sich als hilfreich erwiesen, wenn sie die Bedeutung von Veränderung auch in der eigenen Biographie kennen, weil die persönlichen, meist unbewussten Erfahrungen in puncto Veränderung in Entwicklungsprozessen stärker wirksam sind, als sich die Beteiligten meist vergegenwärtigen.

Und was für das eigene Leben gilt, findet sich um ein Vielfaches potenziert auch in Großgruppen wieder. Wenn es schon für jeden Einzelnen schwer ist, von sicherheitsgebenden, selbstverständlichen, oft genug ja auch unbewussten Gewohnheiten zu lassen, wie viel schwerer wird dies in größeren Gruppen, wenn Gewohnheiten zu liebgewonnenen Traditionen geworden sind. In kirchlichen Kontexten werden eingeschliffene Rituale nicht selten theologisch begründet und religiös überhöht. In einer Institution hat ja nicht nur eine Person eine liebe Gewohnheit oder eine feste Überzeugung, sondern jeder und jede. Alle haben sich miteinander eingespielt, Abläufe sind eingeübt, die Regeln und die Art und Weise des Umgangs stehen fest. Gewohnheiten und Traditionen in den Gemeinden, den Kirchenkreisen, den Diakonien und den Landeskirchen werden zwar oft beklagt. Sie gehören aber einfach dazu, denn sie sichern jedem einen festen Platz im System.

Die Macht der selbstverständlichen Gewohnheiten lässt sich in regelmäßig tagenden Großgruppen hervorragend beobachten: *Zweimal im Jahr tagen im Rheinland die Kreissynoden. Hier werden nicht nur Inhalte besprochen, diskutiert und beschlossen, sondern auch Rituale gepflegt. Sie folgen einer ganz bestimmten Dramaturgie. Es gibt Tagungsordnungspunkte, da weiß jeder im Saal, wer sich früher oder später zu einem Wortbeitrag hinreißen lassen wird.*

Gewohnheiten, ob gute oder schlechte, wichtige oder unbedeutende, lassen sich nicht einfach per Beschluss entmachten. Wenn alles so ist, wie es immer schon war, fühlen wir uns sicher und geborgen.

Der hartnäckige Widerstand gegenüber Veränderungen und das Festhalten an Vertrautem gehören noch zu unserem archaischen Notfallcode. Das ist ein reflexhaftes Überlebensprogramm, das uns auch heute noch mit dem Neandertaler verbindet.[69] Jede Veränderung wird automatisch auf ihre Bedrohlichkeit hin geprüft. Das hatte für unsere Vorfahren überlebenswichtige Funktion und ist uns bis heute erhalten geblieben. Unser evolutionäres Programm testet bei jeder noch so kleinen Abweichung von Gewohntem ganz selbstverständlich den Bedrohungsfaktor. Erst wenn wir ganz sicher sind, dass die Veränderung ungefährlich ist, wenden wir uns den Chancen, Möglichkeiten und Vorteilen des Neuen zu. Vermuten wir indes eine irgendwie geartete Gefahr, fragen wir als erstes: Bin ich der Bedrohung gewachsen? Unser archaisches Notfallprogramm stellt uns in diesem Fall drei Handlungsweisen zur Verfügung: [70]

- Flucht: Nichts wie weg hier!
- Kampf: Ich will der Stärkere sein!
- Starre: Da stelle ich mich besser tot!

Der Unterschied zum Neandertaler ist erstaunlich gering. Die Bedrohungsfaktoren sind heute zwar selten wilde Tiere und in der Regel kein kriegerischer Nachbarstamm. Obwohl man bei mancher Gemeindefusion meinen könnte, die Beteiligten sehen im Nachbarpfarrer einen Feldherrn und unterstellen der angrenzenden Gemeinde eine feindliche Übernahme. Heute erleben wir Bedrohung nicht von Leib und Leben. Sondern bedroht werden vielmehr unser Selbstwertgefühl, unsere liebgewordenen Gewohnheiten, unser Ansehen, unsere Einflussmöglichkeiten oder unsere selbstverständlichen Sicherheiten im vertrauten System.

Als soziale Wesen reagieren wir nicht mehr körperlich, sondern kommunikativ.

- Wenn wir fliehen, laufen wir dem Angreifer nicht davon, sondern weichen seinen Argumenten nur noch aus.
- Wenn wir mit Kampf reagieren, kämpfen wir nicht mit unseren Fäusten, sondern liefern uns stattdessen Wortgefechte.
- Oder wir wählen die dritte Handlungsoption und erstarren. Dann stellen wir uns nicht tot, sondern boykottieren Entscheidung durch innere Emigration oder Strippenziehen.[71]

2.3 Angst und Trauer als wichtige Veränderungsemotionen

Reformen werden von den Betroffenen oft als Gefahr erlebt und machen daher Angst. Angst vor Neuem ist eine wichtige und oft nicht wahrgenommene Veränderungsemotion. Diese Angst vor dem Unbekannten kann man nicht einfach wegdiskutieren oder zur Seite schieben. Und gegen das archaische Reaktionsmuster kann man nicht anrennen. Führungskräfte müssen um diese menschlichen Grundmuster wissen und sie im Veränderungsprozess berücksichtigen. Umstrukturierungen müssen so gestaltet werden, dass Ängste, Bedrohungsszenarien und Gefühle einen Ort haben.

Dabei ist der offene Umgang mit Angst in kirchlichen Kontexten recht kompliziert. Denn wer outet sich schon gern als furchtsam? Und dürfen wir als Christen überhaupt Angst haben? Zeigt sich darin nicht mangelndes Gottvertrauen? Kirchlich Engagierte sind sozialisiert mit Bibelversen wie: „Gott hat uns nicht gegeben den Geist der Furcht, sondern der Kraft, der Liebe und der Besonnenheit." (2. Timotheus 1,7) Oder Josua 1,9: „Siehe ich habe dir geboten, dass du getrost und unverzagt seist. Lass dir nicht grauen und entsetzte dich nicht, denn der Herr, dein Gott ist mit dir in allem, was du tun wirst."

Das sind wichtige Worte. Aber sie sind nicht dazu geeignet, einen unkomplizierten Umgang mit Gefühlen der Angst einzuleiten. Zeigt sich doch wahres Christsein in Furchtlosigkeit. Wer will noch von Angst sprechen, wenn gilt, was im 1. Johannesbrief 4,18 steht: „Die vollkommene Liebe treibt die Furcht aus. Wer sich aber fürchtet, der ist nicht vollkommen in der Liebe." Wer wird noch Angst vor Veränderung haben, wenn doch schon der 46. Psalm bekennt: „Darum fürchten wir uns nicht, wenn gleich die Welt unterginge und die Berge ins Meer sänken."

Furchtlosigkeit wird oft unbewusst theologisch verklärt. Angstfreiheit als Zeichen dafür, dass unser Glauben stark, unsere Liebe groß und unsere Hoffnung lebendig sind.

Veränderung bedeutet auch, dass wir vertraute Wege verlassen, Liebgewonnenes aufgeben und Abschied nehmen müssen. Das geht nicht ohne Trauer – und die braucht Raum und Zeit.

Doch sowohl Angst als auch Trauer werden in Veränderungsprozessen von Führungskräften manchmal zu wenig einkalkuliert. Sie werden als Zeiträuber verstanden, die den Prozess bestenfalls entschleunigen, schlimmstenfalls behindern.

Die Folge: Unterdrückte Gefühle sind nicht einfach weg, sondern gehen in den Untergrund, heften sich an harmlosere Ersatzobjekte, die leichter händelbar erscheinen als die eigentlichen Angstauslöser.[72] Erfolgreiche Führungskräfte werden immer im Blick haben, dass Angst und Befürchtungen sich schnell in Abwehr und Widerstand verwandeln. Sie zeigen sich dann in neuem Gewand. Angstabwehr ist der Grund für manche ruppige Zurückweisung oder endlose Diskussion über scheinbare Sachthemen. Manch verwässertes Ergebnisprotokoll oder kunstvoll gesponnene Intrige wären abwendbar, wenn die dahinter stehenden Befürchtungen wahrgenommen würden. Gleiches gilt für die Attacken aus dem Hinterhalt, joviale Belehrungen und die offenen oder verdeckten Drohungen. Eine besonders effektive Methode der Angstabwehr bei anstehenden Veränderungsprozessen sind immer wieder theologische Grundsatzreferate oder das Stellen der Bekenntnisfrage.

Hier hilft nachhaltig das gut bekannte, doch zu selten angewandte Kommunikationsquadrat von Friedemann Schulz von Thun.[73] Es erinnert daran, das jeder Botschaft vier Aspekte innewohnen: Neben der Sachebene finden sich immer auch Apell-, Beziehungs- und Selbstoffenbarungsebene. Führungskräfte, die bei Veränderungswiderständen beachten, dass Menschen sich scheuen, ihre Ängste offen zu zeigen, erreichen ihre Ziele zuverlässiger. Sie wissen, was als Sachargument daherkommt, ist sehr oft eine Information auf der Selbstoffenbarungsebene. Und die lautet oft schlicht: „Ich habe Angst."

Was immer wieder schwer begreifbar, aber leider Fakt ist: Für den Umgang mit der Angst ist es völlig irrelevant, ob sie berechtigt ist oder nicht. Es ist egal, was sie auslöst und wie realistisch oder berechtigt sie ist. Ängste gehören einfach dazu. Das gilt sogar, wenn Einigkeit darüber herrscht, dass das angestrebte Ziel durchaus erstrebenswert ist, wie uns das Alte Testament zeigt. Ein biblisches Fallbeispiel ist der Auszug Israels aus Ägypten: *Unbestritten ist das Ziel, das gelobte Land. Unbestritten ist, dass die Situation in Ägypten unerträglich geworden ist. Unbestritten ist, dass es sich lohnt, aus der Sklaverei in die Freiheit zu ziehen. Und doch: Es dauert nicht lange, da beginnen die Murrgeschichten, das Zweifeln und die Widerstände. (2.Mose 15ff)*

Tiefenpsychologisch gedeutet wurde hier die Angst vor der Veränderung, vor dem Neuen und damit Unbekannten nicht ernstgenommen. Denn auch wenn das Ziel verheißungsvoll erscheint, wer weiß denn, wie es wirklich wird und ob dann auch alles besser ist? Natürlich ist Sklaverei immer bedrückend. Aber wer hier übereilt aufbricht, im Aktionismus den Abschied vergisst, hat mit verzögerten Trauerreaktionen zu rechnen und Sätzen wie: „Früher war alles besser. Warum haben wir das nur gemacht? Lasst uns andere Führungskräfte suchen, das Management austauschen." Die Israeliten haben in der Eile des Aufbruchs schlichtweg den Abschied und das Trauern vergessen.

Doch wenn wir Altes hinter uns lassen, selbst wenn es schwierig war, so hatte es doch immer auch sein Gutes und verlangt nach einer angemessenen Würdigung und Wertschätzung. Es muss betrauert werden. Wenn wir die beiden Grundgefühle Angst und Trauer überspringen, ist das große Murren vorprogrammiert.

Aus der Auszugsgeschichte können Führungskräfte für das Change-Management in Kirche und Diakonie lernen:

1. Ängste – begründete und vermeintlich unbegründete – müssen wahr- und ernstgenommen werden. Und zwar nicht

nur als allgemeines Unwohlsein, sondern konkret artikuliert. Denn je konkreter wir unsere Angst benennen, desto besser können wir sie handhaben.

2. Wahrnehmen und Ausdrücken von Trauer. Es ist immer bitter, Vertrautes zurückzulassen, aber gerade in Kirche und Diakonie gibt es viel Profis für Trauerprozesse. Führungskräfte sollten dieses Wissen auch auf ihren Wirkungsbereich anwenden.
3. Veränderung muss mit positiver Emotion verbunden werden. Wir verändern nichts, weil wir vernünftigerweise erkannt haben, dass eine Veränderung notwendig ist. Wenn die kognitive Einsicht ausreichte, würden wir alle unsere guten Vorsätze, die wir alljährlich zu Beginn eines neuen Jahres formulieren, auch umsetzen. Doch nur wenn wir ein gutes Gefühl, einen echten emotionalen Gewinn mit einer Verhaltensveränderung verbinden, verändern wir unser Verhalten nachhaltig. Was für unser persönliches Leben gilt, gilt auch für die großen Veränderungen in Organisationen. Aufgabe der Leitenden ist es, genau diese positive emotionale Energie zu wecken.
4. Eine Führungskraft muss ausreichend Sicherheit gewährleisten. Dann hält die Gruppe, das Team, die Abteilung auch den mit jedem Veränderungsprozess einhergehenden Turbulenzen und sogar dem großen Murren stand.

2.4 Veränderungen verstehen, beeinflussen und sinnhaft gestalten

Wenn Menschen sich auf Veränderung einlassen sollen, bedarf es in der Regel eines Dreierschrittes:[74] Mit dem Modell der Salutogenese kann überprüft werden, wie stimmig und kongruent sich die Situation des Wandels darstellt. Je kohärenter die Veränderung, desto eher werden die Belastungen eines Reformprozesses toleriert.

Drei Komponenten sind dazu unabdingbar:

1. „Ich verstehe, was von mir verlangt wird."

   Mitarbeitende möchten Veränderung nicht als Willkür erleben, sondern möchten im Grundsatz verstehen, warum sie sich auf den Weg machen sollen. Deshalb brauchen sie von ihren Führungskräften eine Antwort auf die Frage nach dem „Warum?" Warum kann nicht einfach alles beim Alten bleiben?

   Eine Dekanin hatte sich angewöhnt, Veränderungen immer nach dem Basta-Prinzip zu verkünden. „So wird das jetzt gemacht!" Im Coaching thematisierte sie ihre mangelnde Durchsetzungsfähigkeit. Obwohl ihr nie jemand widersprach, wurden ihre Dienstanweisungen einfach ignoriert. Es passierte einfach nichts.

   Erst als sie für sich erkannte, dass ihre Kollegen die Veränderungen und Arbeitsaufträge als willkürlich und nicht nachvollziehbar empfanden, veränderte sie ihr Verhalten. Sie begann, frühzeitig und offen über Veränderungsprozesse zu informieren, war bereit, Vor- und Nachteile zu diskutieren, und achtete darauf, dass verstanden wurde, warum bestimmte Entscheidungen getroffen wurden.

   So verringerte sich bei den Betroffenen das Gefühl von Beliebigkeit und Ausgeliefertsein. Als sich eine Gemeinde im Dekanat aus finanziellen Gründen von einem Arbeitsbereich trennen musste, wurde sehr transparent und umfassend informiert. Die Folge war, dass die Betroffenen verstanden, wo die Schwierigkei-

ten lagen, und dass die angestrebten Lösungen zwar schmerzhaft, aber sinnvoll waren.

2. „Ich habe ausreichende Bewältigungsstrategien."
Mitarbeitende brauchen das Gefühl, die anstehenden Veränderungen auch bewältigen zu können. Und sie arbeiten meist sehr viel zufriedener und aktiver mit, wenn ihr Autonomiebedürfnis respektiert wird. Denn wer die Möglichkeit der Einflussnahme sieht, fühlt sich weniger ausgeliefert. Ein Beispiel:
In einer Gemeinde wird ein Gemeindehaus geschlossen. Der Küster sagt: „Es war gut für mich, dass ich ein Mitspracherecht hatte. Weil ich aktiv in die Abwicklung einbezogen war, hatte ich das Gefühl, selbst etwas zur Lösung beizutragen. Das hat mir geholfen, obwohl es schwer für mich war."

3. „Ich erkenne den Sinn."
Wenn Mitarbeitende den Eindruck haben, über die Bedeutsamkeit der anstehenden Reform im Bilde zu sein, wenn sie das Gefühl haben, dass das, was sie tun, grundsätzlich Sinn macht, dass es sich lohnt, in die Herausforderungen Kraft und Energie und Zeit zu investieren, dann können Veränderungen reibungsloser funktionieren. Es braucht das Bild einer guten Zukunft und die relative Sicherheit, dass das anvisierte Ziel erreichbar und verheißungsvoll ist.
Wenn nur der Mangel und der Abbau verwaltet werden, lockt das niemanden hinter dem Ofen hervor. Gibt es aber eine belebende, vielleicht sogar euphorisierende Vision, mobilisieren Mitarbeitende gern ihre Kräfte.
Sitzungen, Konferenzen, Meetings sind deshalb oft so ermüdend, weil sie zum Selbstzweck geworden sind. Ohne Sinnkontext fällt jede Anstrengung schwer. Mit Ziel und

Sinn lässt sich manche Mühsal leichter ertragen, weil die gemeinsame Sinnbildung in Gruppen den Zusammenhalt fördert. Wenn eine Führungskraft bei ihren Mitarbeitenden dieses dreifache Vertrauen entwickeln kann, dass die Reformprozesse verstehbar, beeinflussbar und sinngebunden sind, dann gibt es eine relativ große Chance, dass die Belastungssituationen erfolgreich und vor allem gesund bewältigt werden. Mitarbeiter, die auch in Phasen der Veränderung noch Kontrolle über ihre Arbeitsgestaltung haben, sind weniger von Burnout betroffen.

2.5 Phasen der Veränderung

Führungskräfte, die die idealtypischen Phasen von Veränderungen[75] im Blick haben, begleiten die Prozesse gelassener und souveräner. Bei den Phasen handelt sich eher um logische Schrittfolgen und nicht um chronologische, linear-kausale Abfolgen,[76] denn Veränderung ist ein prozessuales Geschehen, in dem manche Phasen nur sequenziell, einige simultan, andere mehrfach durchlaufen werden. Mit folgenden Phasen ist im Veränderungsprozess zu rechnen.

Initialphase: Schock und Überraschung
Hier reagieren Menschen – wie bereits beschrieben – archaisch mit Flucht, Kampf oder Starre. Außerdem gibt es in dieser Phase häufig eine Tendenz zu Beschwichtigung aus Angst vor zu starken Emotionen. („Sie müssen sich keine Sorgen machen. Alle werden in den Entscheidungsprozess mit eingebunden. Sie werden rechtzeitig informiert.“) Beschwichtigung oder gar Bagatellisierung durch Führungskräfte schüren aber eher die

Angst. Daher ist auch und gerade in dieser Phase eine umfassende Information unentbehrlich.

Menschen sind in der Regel keine Hiobs, und auch Christen und Christinnen lassen häppchenweise eintreffende Hiobsbotschaften leicht vom Glauben abfallen. Deshalb sollten Entscheider nicht ausweichen, nicht beruhigen, sondern geradewegs auf die Punkte zusteuern, die die größte Angst machen. Weil die Phantasien oft schlimmer sind als die Realität, ist es ratsam, von Anfang auch und gerade die problematischsten und schwierigsten Szenarien zu benennen. Denn wer klar und offen kommuniziert, was schlimmstenfalls passieren kann, schafft mehr Vertrauen als derjenige, der vorsichtig taktiert und immer vom besten Fall ausgeht.

Aktionalphase: Verneinung, Abwehr und Ärger

Ohne diese Phase geht es leider nicht. Hier hat es sich bewährt, wenn Führungskräfte die Einwände und Befürchtungen ernst nehmen. Es gilt die VW-Regel: Vorwürfe in Wünsche zu verwandeln.[77] Denn viele „Ja, aber-Schleifen" sind nur suboptimal formulierte Verbesserungswünsche. Meist geht es um die bereits beschriebenen Gefühle von Trauer und Angst und die damit verbundene Frage: Was werden wir unwiederbringlich verlieren? Veränderung ist ohne Emotionen leider nicht zu haben. Gefühle müssen durch Leitende wahrgenommen und ernstgenommen und vor allem proaktiv und wertschätzend angesprochen werden. Und zwar nicht, indem über die Atmosphäre der Angst in abwertender Weise sinniert wird, sondern indem sehr wertschätzend aufgenommen wird, dass sich hinter den Befürchtungen wichtige Hinweise verbergen können. Das braucht Zeit und Raum und kann nicht beschleunigt werden. Wenn Führungskräfte hier zu ungeduldig sind, kommt es an anderen Stellen zu Verzögerung.

Daher gilt: „Wer geduldig ist, ist weise" (Sprüche Salomos 14,29), denn „ein jegliches hat seine Zeit, und alles Vorhaben unter dem Himmel hat seine Stunde". (Prediger 3,1)

Integrationsphase 1: Rationale Einsicht
Die Notwendigkeit der Veränderung wird bereits eingeräumt. Aber das Gefühl kommt noch nicht wirklich hinterher. Daher wird getan, was auch sonst immer getan wird. Menschen greifen auf erprobte Handlungsmuster zurück. Funktionieren die unter den veränderten Umständen nicht mehr richtig, verdoppeln sie ihre Anstrengungen und verstärken alte Handlungsmuster. Ein Alltagsbeispiel: Der Aufzug kommt nicht. Lösung: Wir drücken noch häufiger, noch stärker, noch schneller auf den Liftknopf.[78] Innerkirchlich ist zu beobachten: noch mehr Besprechungen, noch mehr Sitzungen, noch mehr Konzepte.

Hier ist es für die Führungskräfte wichtig, sich nicht verführen zu lassen von analytischem und logischem Verstehen. Es ist wie mit der Einsicht: Rauchen ist schädlich. Das haben schon viele als richtig erkannt. Aber es reicht nicht für nachhaltige Veränderung.

Integrationsphase 2: Emotionale Akzeptanz
Notwendig ist die emotionale Akzeptanz von Veränderung. Diese wird leichter, wenn auch positive Gefühle und Erwartungen mit dem Neuen verbunden werden. Wenn es nicht nur um Verlust und Abschied und einem „Weg-von" handelt, sondern wenn ein Gewinn von Veränderung erlebbar wird, wenn das „Auf-etwas-Hin" lohnenswert erscheint. Gibt es eine Vision, die Lust auf Neues macht, weckt das Energien. Veränderung muss mit positiven Gefühlen besetzen werden. Dann kommt es zur Integration. Die Neugier muss gekitzelt, Leidenschaft und Sehnsucht müssen angestachelt werden. Das funktioniert

nicht, wenn das zwanzigste Konzept geschrieben wird, das dann doch nur wieder in der Schublade verstaubt. Und auch das immer gleichbleibende Untergrundrauschen „Veränderung darf nichts kosten. Das machen wir mit Bordmitteln“ fördert eher selten Leidenschaft. Mitarbeitende setzen sich gern ein, wenn sie die Aufgaben als bedeutsam erleben. Wenn es um Projekte geht, die sie als wichtig empfinden.

Neuorientierungsphase: Erprobung und Integration
Hier braucht es eine hohe Fehlertoleranz. „Den größten Fehler, den man im Leben machen kann, ist, immer Angst zu haben, einen Fehler zu machen.“ Diesem Bonhoeffer Zitat wird innerkirchlich niemand widersprechen, und doch gibt es in der Kirche nicht wirklich eine Kultur, die Fehler erlaubt, denn Christen neigen auch dazu, in Ewigkeiten zu denken. Das führt zu deutlichen Einschränkungen in der Kreativität und zu mangelnder Risikobereitschaft. Die Energie geht dann ins hartnäckige Sichern der eigenen Position, in Ränkespiele und in Stabilisierung alter Strukturen. Deshalb: Wo Neues entstehen soll, müssen Führungskräfte dafür Sorge tragen, dass Fehler erlaubt sind. Das fördert Kreativität, Engagement und eben auch die Gesundheit. Wer konstruktiv mit Fehlern umgeht, schafft eine vertrauensvolle und entspannte Atmosphäre.

Fehlertoleranz kann man hervorragend von Kindern lernen. Man stelle sich vor, ein Kind würde in der Phase des Laufenlernens nach drei Fehlschlägen aufgeben. „Wenn ihr nicht umkehrt und werdet wie die Kinder ...“ (Matthäus 18,3) Wenn alles gut geht, mündet das in Integration und Selbstvertrauen. Ein hartes Stück Arbeit ist geschafft, ein Weg erfolgreich beschritten. Hier darf gefeiert werden. Es muss ja nicht gleich die Hochzeit von Kana sein, aber ein bisschen großzügiger als in kirchlichen Kontexten üblich wäre manchmal nicht schlecht.

2.6 Grundsätze gesunder Führung in Veränderungsprozessen

Es gibt ein paar grundsätzliche Hinweise, die gute Führungskräfte in allen Phasen des Veränderungsprozesses beachten, wenn ihnen die Gesundheit ihrer Mitarbeiter und die Burnout-Prophylaxe wichtige Leitungsanliegen sind.

1. Die Betroffenen dort abholen, wo sie sind
Die Verlockung ist für Führungskräfte immer wieder groß, den Pfarrkonvent, die Abteilung, das Mitarbeiterteam in der Gemeinde zu überrumpeln und ein Fertigmenü zu servieren, das niemand bestellt hat. Wenn aber Betroffene Beteiligte sein sollen, dann muss wohl oder übel in jeder Phase die alte TZI-Regel beachtet werden: Störungen haben Vorrang. Dazu gehört es immer wieder, emotionale Arbeit zu leisten. Wenn die Betroffenen nicht dort abgeholt werden, wo sie sind, gibt es unnötige Schleifen.

Das musste schon Mose bitter lernen, als er ein zweites Mal auf den Berg Sinai klettern musste. Weil das Ziel nicht anschaulich und begreifbar war, musste ein goldenes Kalb her. Und weil keiner gesagt hatte, wie langwierig der Prozess sein würde, wichen die Israeliten vom Weg ab. (2.Mose 32)

Emotionale Arbeit bedeutet einerseits immer, die Gefühle der Mitarbeitenden im Blick zu haben und zu fragen, wie möglichst große Sicherheit angesichts faktischer Verunsicherung gegeben werden kann. Oft ist es schon eine große Hilfe, wenn die Führungskraft Ängste von sich aus anspricht. Aussitzen und Vogel Strauß-Methode sind zwar nachvollziehbare Strategien, aber in der Regel wenig erfolgreich. Andererseits gehört zur emotionalen Arbeit, dass die Führungskraft lernt, die Belastungen zu tragen, die die Chefrolle mit sich bringt. Ein Vorgesetzter kann viele, aber eben auch nicht alle Probleme zur Zufriedenheit aller Beteiligten lösen. Gerade in Veränderungsprozessen gibt es berechtigte Unzufriedenheit, aber auch über das Ziel hinausschießende Kritik. Hier ist ein konstruktiver Umgang gefragt. Also nicht wie bei Mose, die wütende Zerstörung des Porzellans oder eben der Gesetzestafeln. So nachvollziehbar der Ärger Moses über mangelhafte Compliance auch sein mag. Blinde Wut ist kein guter Ratgeber. Lieber durchatmen, bis zehn zählen, verstehen, um was es eigentlich geht, und möglichst gelassen bleiben. Das dient der Burnout-Prävention, der eigenen und der der Mitarbeitenden.

2. Angst vor Überforderung berücksichtigen

Meist wird vergessen: Veränderungsprozesse sind immer anstrengend. Elia musste das erleben und erkrankte an Burnout (1. Könige 19,4ff). Besser ist es, sich hier an Mose zu halten. In 2.Mose 18,13ff wird erzählt, dass Jitro, Moses Schwiegervater, zu Besuch bei seiner Familie war. Und er schien schier entsetzt, als er sah, wie viel sein Schwiegersohn Mose den ganzen Tag zu tun hatte. Er fällt aus allen Wolken über dessen Arbeitsbelastung. Mose ist von morgens bis abends mit der Schlichtung von Streitigkeiten beschäftigt. Und Jitro erweist sich seinem Schwiegersohn als guter Ratgeber in Sachen Burnout-Prophylaxe. „Du machst dich zu müde", sagte er. Und er hat auch gleich einen guten Tipp parat. „Suche dir rechtschaffene Männer, die dir helfen. Kümmere du dich nur noch um die wirklich wichtigen Dinge und lasse die kleineren Fragen von deinen Mitarbeitenden entscheiden", rät Jitro und wendet damit das Delegationsprinzip an. Den Rat zur Unterscheidung zwischen wichtigen und dringenden Aufgaben als Instrument des Zeitmanagements kannte demnach offenbar schon Jitro. Mose hatte den Veränderungsprozess – Israel befindet sich immer noch auf dem Weg von

Ägypten in das gelobte Land – unterschätzt und zunächst nicht wahrgenommen, wie viel Arbeit auf ihn zukommen würde, wie anstrengend Veränderung sein kann. Change Management war auch zu biblischer Zeit kein Kinderspiel. Und weil Widerstände manchmal einfach aus der Sorge vor Überforderung resultieren, beachtet gesunde Führung die Frage:

- Wie viel Hilfe wird mir als Führungskraft und/oder den Mitarbeitenden zuteil?
- Oder, wenn es keine Unterstützung geben kann: Was lassen wir für die neu zu übernehmende Aufgabe?

3. Veränderungsprozesse rühren immer auch an Fragen der eigenen Identität

Auch das können wir aus der Bibel lernen. Die urtümliche Geschichte vom Jakobskampf am Jabbok (1.Mose 32,23ff) beschreibt, wie Veränderung mit der Frage nach der Identität verbunden ist: Jakob will zurück in die Heimat. Dazu muss er einen reißenden Fluss überqueren und mit einem übermächtigen Wesen kämpfen. Aus diesem Kampf geht er verwandelt hervor. Die Veränderung der Identität wird durch den Namenswechsel angezeigt. Du sollst nicht mehr Jakob heißen, sondern Israel.

Und auch das gilt nicht nur für individuelle Veränderungsprozesse, sondern ist im Change Management für Organisationen zu beachten: Es geht nicht ohne Verletzung. Bei Jakob ist es die hinkende Hüfte. In der Kirche sind es meist schmerzliche Abschiede von liebgewonnenen Traditionen. Und Übergänge enden meist auch segensreich. Für Jakob ging die Sonne auf. Und auch für unsere Kirche gilt: Wo Altes stirbt, kann Neues wachsen. Gesunde Führung hat mögliche Verletzungen und Kränkungen im Blick und vertraut auf segensreiche Neuanfänge.

4. Beim Durchlaufen der Veränderungsphasen gibt es keine vorgegebene Geschwindigkeit

Manche Anpassungsleistungen dauern nur Sekunden („Was, der Kaffeeautomat funktioniert nicht? Ok, ich trinke Tee!"). Für manche brauchen wir Monate oder Jahre, manche gelingen nie. Führungskräfte, die gesund führen, überschauen, dass jede Phase des Verlaufs ihre Berechtigung hat. Auch gewünschte und gewollte Veränderungen durchlaufen die beschriebenen Phasen.

In Organisationen entsteht manchmal eine Ungleichzeitigkeit, d. h. einzelne Gruppen, Abteilungen, Gemeinden oder Teammitglieder befinden sich in unterschiedlichen Stellen im Veränderungsprozess. Das Leitungsgremium ist vielleicht schon dabei, Dinge auszuprobieren, während das Pfarrteam der Gemeinde A sich um emotionale Akzeptanz bemüht, die Gruppe der Funktionspfarrer sich in der Phase der Vorahnung und Sorge befindet und das Büro der Superintendentin bereits die Veränderung praktisch einleitet. Wichtig ist zu erkennen, in welcher Phase der Umstrukturierung sich die einzelnen Bereiche befinden, um die notwendigen Ressourcen zur Verfügung zu stellen, damit Veränderung in der gewünschten Richtung erfolgen kann.

Um Mitarbeitende gesund durch Veränderungsprozesse zu führen, braucht es:

- eine Vision von Kirche,
- eine glaubwürdige Führung, die Fehler zulässt, Entwicklung fördert,
- eine Kultur, umfassend, transparent und verständlich zu informieren,
- Menschen, die sich begeistern lassen und Schwierigkeiten als Herausforderungen verstehen,
- und einen Heiligen Geist, der wohlwollend unser Tun und Lassen begleitet.

3 Gesundheitsförderung als Führungsaufgabe

„Jetzt soll ich nicht nur führen, sondern auch noch gesund führen!“, sagte die Leiterin einer Diakoniestation völlig frustriert bei einer Fortbildungsveranstaltung und drückt damit aus, was viele andere denken, sich aber nicht zu sagen trauen.

Gesunde Führung mag manchem als übergroße Hürde erscheinen. Viele Führungskräfte erleben es zunächst als Zumutung, wenn sie mit dem offensichtlichen Zusammenhang zwischen Gesundheit/Krankheit ihrer Mitarbeitenden und ihrem Führungsverhalten konfrontiert werden. Sich um das Wohlergehen anderer zu kümmern, gehört aber seit jeher zu den Aufgaben einer Führungskraft. Aber in Zeiten der Arbeitsverdichtung, der Digitalisierung, des Fachkräftemangels, der kirchlichen Finanz- und Relevanzkrise wird gesunde Führung natürlich herausfordernder. Und auf einmal wird explizit Thema, was immer schon impliziert war: Mitarbeiterführung und Mitarbeitergesundheit gehören zusammen. Führungskräfte haben maßgeblichen Einfluss darauf, ob sich Mitarbeitende an ihrem Arbeitsplatz wohlfühlen. Dazu gehört, andere zu inspirieren und motivieren, Mitarbeitende uneigennützig zu fördern, das Arbeitsklima zu verbessern, Leistungsziele realistisch zu setzen und für gesunde Arbeitsbedingungen zu sorgen. Eigentlich eine Selbstverständlichkeit. Aber weil Führungskräfte oft selbst sehr unter Druck stehen, erleben sie die Forderung nach einem gesunden Führungsstil als eine zusätzliche Belastung. Doch wer sich bemüht, sich und andere gesund zu führen, erlebt sich selbst als weniger gestresst, hat durch gesunde Mitarbeitende weniger zu tun und schafft sich einen Arbeitsplatz, zu dem er morgens gut gelaunt und frohgemut aufbricht.

Die Ideen und Konzepte für gesunde Führung werden bisher in vielen Arbeitsbereichen in Kirche und Diakonie, selbst wenn sie relativ leicht umzusetzen sind, kaum angewandt. Gäbe es bei der Burnoutprävention nicht noch viel Luft nach oben, würde es nicht so ausdauernd Klagen über Führungskräfte geben, wären demotivierte Mitarbeitende ein zu vernachlässigendes Problem, wäre das Thema Erschöpfung nicht in aller Munde.

Meines Erachtens gibt es für die mangelnde Umsetzung von gesundheitsförderlichem Führungsverhalten drei Gründe.

1. Geringes Bewusstsein für den Zusammenhang von Führung und Gesundheit
   Mitarbeitende und Führungskräfte verlassen gleichermaßen nur ungern ihre Komfortzone und verändern sich nur, wenn es gar nicht anders geht. Gute Vorsätze werden auch von Vorgesetzten nicht zwingend in Handlung umgesetzt. Auch Chefs entwickeln nur dann weiter, wenn sie sich der positiven Effekte sicher sein können, wenn sie erleben, dass gesunde Führung nicht nur den Mitarbeitenden, sondern auch für sie persönlich Vorteile bringt.

2. Die beharrliche Tabuisierung der Gefühlsebene beim Thema Führung
   Die Methoden des Führungshandwerks sind alle nur dann erfolgreich, wenn die Gefühlsebene ausreichend beachtet

wird. Dies kommt aber auch in guten Führungsseminaren leider oft zu kurz.

3. Das tägliche Zuviel – oder dafür habe ich keine Zeit
Viele Führungskräfte sind so am Limit, dass sie meinen, keine Zeit zu haben für gesunde Führung. Beziehungsarbeit, Kommunikation und Beachtung von Gefühlen sehen sie als reine Zeitfresser.

3.1 Gesunde Führung ist Handwerk und Haltung

Zunächst einmal gilt, dass es kein Patentrezept für gute und damit gesunde Führung gibt. Gesunde Führung gibt es nicht von der Stange. Sie muss immer maßgeschneidert werden.

Menschen sind als soziale Wesen einerseits darauf geeicht, Teil einer Gruppe zu sein. Sie wollen einfach dazugehören. Auf der anderen Seite möchte niemand in der Masse untergehen, sondern immer mal wieder herausstechen und als besonderer Mensch mit eigener Note wahrgenommen werden.

Daher muss jeder Beschäftigte mit seiner Persönlichkeit und seinen spezifischen Berufszielen wahrgenommen und auch individuell geführt werden, wenn er sein Potential, seine Kreativität, seine Motivation optimal in die Organisation oder Institution einbringen soll. Unterschiedliche Mitarbeitende brauchen unterschiedliche Führung. Und derselbe Mitarbeiter benötigt unter unterschiedlichen Bedingungen eine andere Art der Anleitung.

In der Managementliteratur werden sechs Führungsstile idealtypisch unterschieden:[79]

1. Kooperativ-unterstützender Führungsstil
   Die Führungskraft zeichnet sich dadurch aus, dass sie eng mit ihren Mitarbeitenden zusammenarbeitet, gemeinsam Ideen und Projekte entwickelt und umsetzt, so dass sich der Vorgesetzte und die Mitarbeitenden mit ihren Fähigkeiten und Fertigkeiten optimal ergänzen.

2. Transformationaler Führungsstil
   Die Führungskraft hat die Fähigkeit, ihre Vorbildfunktion überzeugend auszufüllen, so dass sich Mitarbeitende zur Veränderung (Transformation) in ihrer Leistungs- und Lernbereitschaft intrinsisch motiviert fühlen.

3. Transaktionaler Führungsstil
   Die Führungskraft erreicht ihre Ziele durch klare Regeln und Strukturen. Mitarbeitende werden vor allem extrinsisch motiviert, weil der Arbeitsvertrag als Tauschgeschäft verstanden wird: Wer die vorgegebenen Ziele erreicht, bekommt Geld und Aufstiegsmöglichkeiten.

4. Laissez-faire Führungsstil
   Die faire Führungskraft verzichtet weitgehend auf klare Zielvorgaben und Regeln und greift selten in Arbeitsabläufe ein. Die Mitarbeitenden strukturieren ihre Arbeit selbst und gestalten ihr Arbeitsumfeld eigenständig.

5. Autoritärer Führungsstil
   Die Führungskraft gibt klare Anweisungen und bezieht ihre Mitarbeitenden nicht in die Entscheidungsfindung ein. Der Vorgesetzte hält alle Fäden in der Hand, übernimmt dafür auch die gesamte Verantwortung und erwartet von den Mitarbeitenden Loyalität.

6. Destruktiver Führungsstil
   Die Führungskraft agiert unklar und wechselhaft, manchmal sogar feindselig und aggressiv. Die Mitarbeitenden wissen oft nicht, woran sie sind, fühlen sich den Launen des Vorgesetzten ausgeliefert und erleben das Zuckerbrot-und-Peitsche-Prinzip als undurchschaubar.

Wenn nun die Frage gestellt wird, welche Führungsstile eher gesundheitsförderlich wirken, ist man sich in der Fachliteratur einig. Während autoritär oder destruktiv führende Vorgesetzte sehr kritisch beurteilt werden, gelten ein kooperativ-unterstützender oder ein transformationaler Führungsstil als gesundheitsförderlich. Beim transaktionalen oder laissez-faire-Stil halten sich die Vor- und Nachteile in der Gefährdungsanalyse bezüglich der gesundheitlichen Risikobeurteilung die Waage.

Gesundheitsfördernde und krankmachende Führungsstile

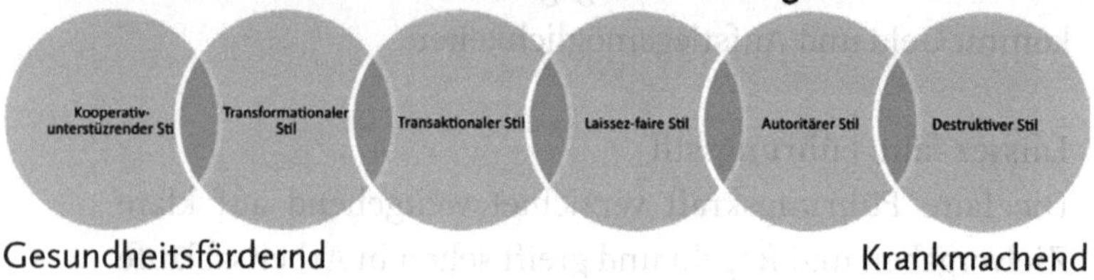

Das gilt im Grundsatz. Aber die Ausnahme bestätigt die Regel. In besonderen Situationen, in Krisen kann es zum Beispiel sehr entlastend sein, wenn ein Chef mutig Verantwortung übernimmt und scheinbar autoritär Entscheidungen trifft.

Oder wenn ein vermeintlich kooperativer Führungsstil dagegen nur dazu dient, Entscheidungen zu verschleppen, weil keiner den Mut hat, Verantwortung zu übernehmen, wirkt ein eigentlich gutes Führungsinstrument destruktiv.

Gute und damit gesunde Führung ist daher eher eine Haltung und geht nicht auf in schematisch angewandten, standardisierten Führungstools, Techniken und Methoden. Es geht immer darum, individuell und flexibel zu agieren. Jeder darf und soll seinen eigenen Führungsstil haben, der dem jeweiligen Mitarbeitenden, der speziellen Situation, aber eben auch der Führungskraft selbst entspricht.

Führungskräfte sind vor allem Beziehungsarbeiter. Dem widerspricht, dass sich die meisten Führungskräfte in Kirche und Diakonie durch ihr Fachwissen und Können für eine Führungsposition qualifiziert haben. Gesunde Führung gelingt aber nicht durch eine fundierte fachliche Ausbildung, nicht durch umfassende Kenntnisse in Sachfragen, nicht durch gute Selbstdarstellung, sondern braucht die Fähigkeit und Bereitschaft, Beziehungsarbeit zu leisten. Und auch das will gelernt sein. Denn sonst kommt es zu Missverständnissen, Frustration und Demotivation wie im folgenden Fall.

Eine Pröpstin sagt: „Pfarrer sind nicht führbar." Und meint damit: „Sie tun nicht das, was ich will." Im konkreten Fall ging es um die Zusammenarbeit zweier Pfarrbezirke. Die Pröpstin hatte bestimmt, dass beide Pfarrer ab sofort die Konfirmandengruppen zusammenlegen sollten. Sachlich war das völlig richtig und sollte der Entlastung der Pfarrer dienen. Aber die Anweisung wurde von den Pfarrern als eine undurchsichtige, von oben herab erlassene Verordnung bezeichnet und unterlaufen.

Was war passiert? Die Pfarrer hatten sich wegen ihrer Arbeitsbelastung an die Pröpstin gewandt. Statt nach Klärung der Sachlage den Pfarrern Hilfe und Unterstützung anzubieten und gemeinsam nach Auswegen zu suchen, hatte sie (vor-)schnell eine eigene, durchaus sehr bedenkenswerte, Lösung propagiert. Ihr Anliegen war, Rückhalt zu bieten. Die betroffenen Pfarrer fühlten sich aber weder verstanden noch wahrgenommen, boykottierten den Vorschlag ihrer Chefin – nicht zuletzt weil beide gerade in der Konfirmandenarbeit ihr Steckenpferd sahen. Aber das wusste die Pröpstin nicht. Sie hatte schlichtweg auch nicht danach gefragt. Sie scheiterte, weil sie Führung vor allem über Anweisung ausüben wollte. Am Ende waren alle unzufrieden und frustriert.

Die Bindungsforschung sagt: Je sicherer die Bindung zu einer Bezugsperson ist, desto mutiger und kreativer kann Neues ausprobiert und Ungewohntes erkundet werden. Auf das Fallbeispiel bezogen würde das bedeuten: Die Führungskraft hat die Aufgabe, eine Atmosphäre der Beziehungssicherheit und des Vertrauens zu schaffen, um so die Mitarbeitenden zur Suche nach eigenen und passenden Lösungsansätzen zu ermächtigen. Voraussetzung ist, dass die Führungskraft ihren Mitarbeitenden vertraut, ihnen zutraut und zumutet, gute eigene Lösungen zu finden, und sie bei der Suche dennoch nicht allein lässt.

In kirchlichen Kontexten ist zu beobachten, dass Führung so gut wie gar nicht oder harsch und kontrollierend ausgeübt wird. Aber weder ausschließlich laissez-faire noch autoritäre Leitung helfen hier weiter. Beide Stile schaffen schnell Beziehungsunsicherheit. „Führung bedeutet, so viel Sicherheit in unsicheren Situationen zu vermitteln, dass die Mitarbeitenden handlungsfähig bleiben.“[80]

Beziehungsmanagement als Instrument gesunder Führung meint keine Gefühlsduselei nach dem Motto „Wir haben uns alle so lieb“, sondern ein Klima, in dem ausreichend Platz ist, um Anforderungen und Aufgaben, aber auch Ängste und Ärger anzusprechen. So entsteht eine Atmosphäre, in der Ideen entwickelt werden und Fehler gemacht werden können. Auch konstruktive Kritik und Verbesserungsvorschläge gehören zur Beziehungsarbeit. Mitarbeitende müssen wissen, was von ihnen erwartet wird und woran sie sind. So verstandene Führung schafft Sicherheit und hat auf diese Weise einen guten Einfluss auf die Leistungsbereitschaft und die Gesundheit der Mitarbeitenden. Denn wer sich verstanden fühlt, erlebt Wohlbefinden.

Gesunde Führung bedeutet vor allem eine veränderte Haltung. Daneben braucht es aber auch ausreichendes Handwerkszeug auf drei Ebenen:[81]

- Methodenkompetenz (Methoden der Gruppenmoderation, Interventionstechniken, Kommunikationsmodelle)
- Prozesskompetenz (Kenntnisse gruppendynamischer oder organisationaler Prozesse)
- Persönliche Kompetenzen (Fähigkeit zur Selbstwahrnehmung und -reflexion, emotionale Stabilität, Beziehungsfähigkeit, emotionale Schwingungsfähigkeit).

3.2 Gesunde Führung erfordert gute Kommunikation

Die zunehmenden Fälle von Burnout in Kirche und Diakonie machen deutlich, dass Erschöpfungszustände von Mitarbeitenden entweder gar nicht wahrgenommen oder trotz deutlicher Indizien schlichtweg ignoriert werden. Beispiele gibt es zuhauf:

- *Obwohl Pfarrerin D. nur noch ein Strich in der Landschaft ist und die Augenringe immer dunkler werden, widerspricht niemand, als sie sich für eine umfangreiche Aufgabe im Pfarrkonvent meldet.*
- *Auch der Sachbearbeiter der Kirchenbuchstelle bekommt ein zusätzliches Arbeitsgebiet. Auch er war in letzter Zeit auffallend oft krankgeschrieben.*

- *Und die Verwaltungsleitendende, die neben ihrer Scheidung auch den Auszug ihrer jüngsten Tochter zu verkraften hat, wird gebeten, ihre lang geplante Fortbildung aus dienstlichen Gründen zu verschieben.*

Kirchliche Mitarbeitende kommen immer häufiger an ihre Leistungsgrenzen. Doch keiner merkt es. Und wenn die Kraftlosigkeit wahrgenommen wird, spricht es kaum jemand an.

„Das ist doch übergriffig.“, sagen Führungskräfte manchmal. Oder „Wie soll ich denn solch ein Gespräch beginnen?“ Aber auch: „Ich habe doch auch keine Lösung parat. Und wenn ich was sage, muss ich am Ende die Arbeit allein machen.“

Ein Thema, das Leitende regelmäßig ansprechen sollten, ist die Frage, wie Erholungszeiten eingehalten werden können. Es ist eine Binsenweisheit, dass das Leben Rhythmizität braucht. Grundsätzlich ist dieses Wissen in Kirche und Diakonie auch sehr präsent, wenn gegen den Zeitgeist konsequent die Sonntagsruhe verteidigt wird. Doch wenn es um die eigene Mitarbeiterschaft geht, verliert die kritische Haltung zur Sonntagsarbeit und die Hochschätzung der Rhythmizität schnell ihren Biss und zeigt ein widersprüchliches Bild.

Dass die Sonntagsruhe nicht für Pfarrer gilt, liegt auf der Hand. Doch auch die Durchsetzung eines anderen freien Tages wird immer noch kontrovers diskutiert und vielerorts sehr kritisch bewertet. Aber auch Erzieherinnen klagen, dass sie für Familiengottesdienste, Gemeindefeste und Kinderbibeltage selbstverständlich sonntags angefordert werden. Die Mitarbeitenden der Diakonie machen Überstunden beim Stadtkirchentag, internen Fortbildungen und Glaubenskursen. Die Verwaltungsleitenden sind aufgefordert, bei Einführungen, Ausschüssen, Tagungen mit dabei zu sein. Vielfältige, spannende, sinnvolle Aufgaben sind das. Aber sie kosten auch Zeit und Kraft und finden oft am Abend oder am Wochenende statt.

Da gerät der Rhythmus von Entspannung und Anspannung, Dienst und Freizeit, Arbeit und Ehrenamt, beruflichem und privatem Engagement schnell aus den Fugen.

Was zunächst viel Freude macht, wird dann als anstrengend erlebt. Was inhaltlich sinnvoll erscheint, wird zur Last. Und für die Betroffenen ist es manchmal schlicht peinlich und unangenehm zu sagen, dass man auch als Mitarbeitender der Diakonie sonntags mal ausschlafen möchte oder dass die Pfarrerin am Samstag lieber mit ihrem Mann ins Theater geht, anstatt den Tanzabend in der Gemeinde zu besuchen, den der Kollege so engagiert geplant hat. Auch Kirchenfrauen und -männer brauchen Auszeiten, freie Tage, Zeiten der Ruhe und des Nichtstuns. Aber darüber wird zu wenig gesprochen.

Und das Fatale am mangelnden Dialog: Niemand (oder fast niemand) bekommt es mit, wenn Leistungsgrenzen überschritten werden. Und wenn es auffällt, traut sich kaum jemand, es anzusprechen.

Deshalb beginnt gesunde Führung immer mit Kommunikation. Denn nur Führungskräfte, die sich mit ihren Mitarbeitenden austauschen, haben gute Chancen, frühzeitig Anzeichen von Erschöpfung wahrzunehmen und zu thematisieren.

Die meisten Burnoutfälle haben ebenso wie Konflikte in Organisationen ihre Ursache darin, dass Mitarbeitende und Führungskräfte zu wenig miteinander sprechen und deshalb nicht wissen, was und wie viel andere tun, warum sie es so machen, wie sie es machen, wie sie arbeiten, welche Ziele sie verfolgen, welche Schwerpunkte sie haben, was ihnen leichtfällt und Freude bereitet, was aber auch Kraft kostet und schwerfällt. Ein Beispiel:

Pfarrer A. ärgert sich über die Jugendleiterin. Seit einigen Wochen beobachtet er, dass mittwochs keine Kinder mehr zur Jungschar kommen. „Schon wieder eine Gruppe weniger“, denkt er bei sich.

Bei nächster Gelegenheit raunzt er die Jugendleiterin an: „Wenn das so weitergeht, können wir unsere Jugendarbeit bald vergessen." Die Jugendleiterin ist pikiert und reagiert eingeschnappt.

Hätte Pfarrer A. zeitnah nachgefragt, hätte er frühzeitig erfahren, dass sich die Jungscharkinder – weil mittwochs jetzt immer lange Schule ist – am Donnerstag treffen. Die Energie, die in den Ärger ging, wäre konstruktiv nutzbar gewesen. Und das Verhältnis zur Jugendleiterin wäre nun nicht getrübt.

Diese Art von Konflikten sind Energiekiller und beruhen auf falschen Informationen. Wer gesund führen möchte, muss im Gespräch bleiben. Dann erzählen die Mitarbeitenden, was sie umtreibt und beschäftigt, wie sie ihre Arbeit organisieren, wo der Schuh drückt und was ihnen richtig Spaß macht.

Die Leiterin einer achtgruppigen Kindertagesstätte erzählt im Coaching: „Jeden Morgen gehe ich als erstes von Gruppe zu Gruppe, begrüße alle Mitarbeiterinnen, aber natürlich auch die bereits anwesenden Kinder und deren Eltern. So eine Runde nimmt viel Zeit in Anspruch – manchmal brauche ich eine Stunde, bis ich durch bin. Aber danach weiß ich, wie es meinen Gruppenleiterinnen geht und ob sich ein Problem anbahnt. Und so manche Fragestellung lässt sich auf dem kurzen Dienstweg ganz schnell lösen."

Die Leiterin ist im guten Kontakt zu ihrem Team und pflegt neben den üblichen Teambesprechungen einen kontinuierlichen, offenen und selbstverständlichen Erfahrungs- und Informationsaustausch. Ihr ist bewusst, wie groß ihr Einfluss auf das Wohlbefinden der Teammitglieder ist.

Kommunikation ist gefragt.[82] Und zwar nicht nur im Sinne der Informationsvermittlung – obwohl das natürlich auch ein wichtiger und oft vernachlässigter Aspekt ist. Der Dialog dient der rationalen, aber vor allem auch der emotionalen Verständigung. Deshalb sollte der Austausch per Mail so oft wie möglich durch das direkte und persönliche Gespräch ersetzt werden, denn Begegnung ist und bleibt der Königsweg gesunder Führung.[83]

Es klingt trivial. Aber an der Kommunikationsfähigkeit entscheidet sich, ob Mitarbeitende in ihrem Chef eher eine Ressource oder einen Belastungsfaktor sehen. Wer gesund führt, muss sehr achtsam und sorgfältig kommunizieren und bedenken, dass Missverständnisse eher die Regel denn die Ausnahme zu sein scheinen. Mangelhafte Kommunikation wirkt wie Sand im Getriebe und sorgt für schlechte Stimmung.

Eine Führungskraft mit hoher kommunikativer Kompetenz hat die Fähigkeit, aufmerksam und gut zuzuhören, und hat den Wunsch, den anderen mit seinen offensichtlichen und versteckten Anliegen wirklich verstehen zu wollen.

Eine Pfarrerin erzählt in der Supervision, dass sie bei ihrer Vorgesetzten einen Antrag für eine Weiterbildung gestellt hat. Als Antwort schrieb die Chefin knapp und bündig: „Ok, genehmigt!"

Obwohl die Pfarrerin ihre Fortbildung machen konnte, war sie enttäuscht von der Rückmeldung. Sie spürte deutlich, dass ihre Vorgesetzte nicht wirklich an ihr interessiert war und das Genehmigungsverfahren als lästige Pflicht ansah. Gewünscht hätte sie sich eine interessierte und freundliche Nachfrage nach dem Sinn und dem Zweck der angepeilten Weiterbildungsmaßnahme.

Gesunde Führung setzt Interesse und authentische Achtsamkeit für die Belange der Mitarbeitenden voraus. Dazu braucht es ausreichend Kontakt- und Begegnungsmöglichkeiten. Sie dienen dem Austausch von Informationen und Vermittlung von Wissen auf der sachlichen Ebene. Und sie begründen und erhalten Beziehungen auf der emotionalen Ebene, indem sie den psychologischen Arbeitsvertrag stabilisieren.

Folgende Gesprächsformate haben sich bewährt:

1. Regelmäßige Dienstbesprechungen,
die wahlweise wöchentlich, 14-tägig oder mindestens monatlich stattfinden sollten. Gesprächsformate, die in größeren Abständen stattfinden, werden im Großen und Ganzen entweder als unverbindlich oder überfrachtet wahrgenommen.
Die Vorgesetzte im Betreuungsvereins der Diakonie stellt fest: „Als ich die Teamleitung übernommen habe, waren mir die wöchentlichen Dienstbesprechungen eher lästig. Aber mit der Zeit habe ich gelernt, dass diese Meetings mir ein besseres Gefühl für das Team geben. Ich kann bei Unsicherheiten unterstützen, spüre sehr schnell, wenn es zu Drucksituationen kommt. Dann überlegen wir gemeinsam, wie wir die Belastung stemmen können. Und erstaunlicherweise hat sich der Krankenstand deutlich verbessert. Gesundheitlich angeschlagene Mitarbeiter schicke ich nach Hause. So ein Ausruhtag wirkt nämlich wunder – und ist allemal besser als ein verschleppter Infekt, der dann deutlich längere Ausfallzeiten nach sich zieht.“

2. Willkommensgespräche[84]
sind informelle Gespräche direkt nach jeder längeren Abwesenheit – egal, ob nach einer Krankmeldung, nach dem Urlaub oder nach einer Fortbildung.
Ein Pfarrer berichtet: „Am Anfang war ich sehr überrascht, als mein Superintendent sich nach meiner grippebedingten Auszeit am Telefon nach meinem Befinden erkundigte. Aber mittlerweile freue ich mich schon auf seinen Anruf oder seine Mail, wenn ich Urlaub oder eine längere Fortbildung hatte. Und weil es mir so guttut und ich seine Nachfrage als Wertschätzung erlebe, mache ich das jetzt auch bei meinen Mitarbeitenden, wenn sie aus privaten oder beruflichen Gründen länger nicht da waren.“

3. Arbeitsbewältigungsgespräche

Das Thema Belastung sollte regelmäßig Gesprächsthema zwischen Vorgesetzten und Mitarbeitenden sein. Das geht sowohl in Teamsitzungen als auch in Einzelgesprächen. In der augenblicklichen Führungspraxis werden solche Arbeitsbewältigungsgespräche meist erst geführt, nachdem es einen krankheitsbedingten Ausfall gegeben hat. Dies geschieht dann in der Regel im Rahmen des betrieblichen Wiedereingliederungsmanagements, das sich zunehmender Akzeptanz erfreut. In diesen Wiedereingliederungsgesprächen wird dann sehr schnell klar, dass die Leistungsgrenzen oft über Jahre überschritten wurden. Sinnvoller wäre eine Gesprächskultur, die erlaubt, frühzeitig über Belastung zu sprechen. Ein gelungenes Beispiel:

Eine Regionalleiterin der Diakonie erinnert sich: „Ich war am Ende meiner Kraft. Morgens als erste im Büro und abends als letzte nach Hause. Das ist meinem Geschäftsführer aufgefallen, und er hat das Gespräch mit mir gesucht. Irgendwann stand er kurz vor Feierabend bei mir im Büro und hat sich erkundigt, wie es mir geht. Danach haben wir immer mal wieder Arbeitsbewältigungsgespräche geführt. Das hat mich vor einem Burnout bewahrt. Denn ich war nah dran."

4. Konfliktgespräche

Wo Menschen zusammenarbeiten entstehen Konflikte: Zielkonflikte, Machtkonflikte, Statuskonflikte, Rollenkonflikte, Kompetenzkonflikte, Wertekonflikte.[85] Auch wenn es schwerfällt, müssen sie besprochen und geklärt werden. Ein Beispiel:

„Für mich war es eine neue Erfahrung, den Konflikt nicht unter den Teppich zu kehren", sagt ein Pfarrer, „zu gern hätte ich das Problem mal wieder ausgesessen. Aber dann habe ich mutig die

Streithähne zum Gespräch eingeladen, den mürrischen Küster und die dominante Leiterin des Kirchen-Cafés. Am Ende haben sich beide für die Moderation bedankt. Erstaunlicherweise war der Streitpunkt Raumbelegung leichter zu lösen als ursprünglich gedacht. Wäre ich dem Konflikt wie üblich aus dem Weg gegangen, hätte uns die Auseinandersetzung noch Monate beschäftigt.“

Es gibt immer wieder Führungskräfte, die sich jeder Form von Konfliktmanagement entziehen. Aber die Vermeidungsstrategien haben einen destruktiven Effekt, denn die Dinge regeln sich selten von allein.

5. Mitarbeitendengespräch

Die Einführung des Mitarbeitendengesprächs schlägt innerkirchlich hohe Wellen und wird als besonders innovativ empfunden. Doch bisher ist das Mitarbeitendengespräch noch ein selten genutztes Führungsinstrument. Wenn es überhaupt durchgeführt wird, findet es meist aus Zeitmangel nur alle zwei Jahre statt. Diese Praxis konterkariert Erfolg und Zweck des Mitarbeitendengesprächs. Das Mitarbeitendengespräch ist wichtig, notwendig und längst überfällig. Aber wer nur alle zwei Jahre miteinander spricht, weiß viel zu wenig über seine Mitarbeitenden. Und es gibt tatsächlich viele Pfarrer, die haben noch nie in ihrer Amtszeit ein Personalgespräch gehabt. Wie soll der Superintendent, die Pröpstin oder der Personaldezernent wissen, wie es um die Arbeitsfähigkeit und Gesundheit des Pfarrers steht?

Und wenn Pfarrer so selten mit ihren eigenen Vorgesetzten sprechen, lernen sie oft eher zögerlich und bedächtig, wie sie ihr eigenes Team gesund führen können.

Soll es der gesunden Führung dienen, sind Mitarbeitendengespräche nur dann sinnvoll, wenn es sich um einen regen, warmherzigen, offenen Austausch in kurzen Intervallen handelt.

Aber so wichtig das Mitarbeitendengespräch auch ist, es ist nur dann sinnvoll, wenn es gut vorbereitet und durchgeführt wird.

Ein Pfarrer berichtet, dass der neu gewählte Assessor eines großen Kirchenkreises ihn zum Gespräch eingeladen hatte, dann aber selber zu spät zum Termin kam, keinen Raum für die Zusammenkunft reserviert hatte und faktisch nichts über die Arbeitsbereiche des Pfarrers wusste.

Ein unvorbereitetes Mitarbeitendengespräch ist für beide Seiten ein frustrierendes Erlebnis und entpuppt sich als reiner Zeitkiller. Wer gesund führen möchte, muss Personalgespräche inhaltlich, organisatorisch, methodisch und mental gut einstielen,[86] sich in die Situation des Gesprächspartners hineinversetzen, ihm echte Aufmerksamkeit widmen und vorher wissen, mit welchem Anliegen er das Gespräch führt und welche Vereinbarung getroffen werden soll.

3.3 Gesunde Führung benötigt Zeit

Wirtschaftlicher Wettbewerb führt dazu, dass immer mehr Unternehmen sich gezwungen fühlen, an die Grenzen ihrer Leistungsfähigkeit zu gehen.

Der Sog der Zeit macht auch vor der Kirche und der Diakonie nicht halt. Sowohl die Diakonie, die als Sozialunternehmen Nächstenliebe professionell vermarktet, als auch die verfasste Kirche leiden zunehmend an der Arbeitsverdichtung. Das Limit scheint erreicht, vielleicht sogar überschritten. Sonntags wird zwar noch Entschleunigung gepredigt. Im kirchlichen Alltag herrscht aber fast nur noch der Zeitgeist. Und der ist geprägt von Zeit- und Leistungsdruck, die in aktuellen und repräsentativen Umfragen zum wichtigsten Stressor der Berufstätigen geworden sind.[87]

Immer mehr Output bei verkleinertem Zeitbudget. Immer mehr Aufgaben bei weniger Personal. Immer mehr Projekte bei geringer werdenden finanziellen Mitteln und personellen Ressourcen. Die Folge: Immer weniger Menschen haben immer mehr Arbeit – das gilt für Mitarbeitende und Führungskräfte gleichermaßen.

Physikalisch wird Leistung als Quotient aus Energie und Zeit definiert, d. h. wenn weniger Zeit für eine zu erbringende Leistung zur Verfügung steht, muss schlichtweg mehr Energie aufgebracht werden. Arbeitspsychologisch bedeutet das: Menschen versuchen ihre Produktivität durch größeren Energieaufwand zu steigern. Das „noch mehr, noch schneller, noch konzentrierter" hat auch Kirche und Diakonie fest im Griff.

Jetzt gebietet es nicht nur die Menschenfreundlichkeit Gottes, sondern zudem der gesunde Menschenverstand, dass man weder Motor noch Mensch ständig im roten Drehzahlbereich laufen lassen kann, ohne ihn zu zerstören. Wenn im Auto eine Warnlampe blickt, fährt jeder rechts ran und versucht vor der Weiterfahrt, den Schaden zu beheben. Solche Warnsignale chronischer Überlastung ignorieren Menschen konsequent. Manchmal kann man sich fragen, warum Menschen sich selbst und andere schlechter behandeln als ihr Auto?

Wenn es um gesunde Führung geht, gibt es bei Führungskräften so eine Art Reflex:

„Dafür habe ich keine Zeit.", sagt der Dezernent, der immerhin zur Fortbildung Pfarramt und Gesundheit angereist ist. Er ist willig und einsichtig, hat aber den Eindruck, schon lange selbst im roten

Drehzahlbereich zu fahren und schon mehr als eine Warnlampe nicht beachtet zu haben.

Doch wer verhindern möchte, dass Mitarbeitende reihenweise ausbrennen, braucht Zeit für intensive Beziehungspflege und -arbeit. Dem steht gegenüber, dass knapp die Hälfte aller Führungskräfte nicht mehr als drei Stunden pro Woche Zeit für Beziehungsarbeit auf Mitarbeitendenebene hat.[88] Bei einem Führungskräfteseminar ging es um die Frage, wie viel Zeit sich Leitende für Ihre Führungsaufgabe nehmen. Einer der Teilnehmende antwortet sehr ehrlich. *„Für Mitarbeiterführung habe ich überhaupt keine Kapazitäten. Ich muss schließlich auch noch arbeiten."*

Der Führungsexperte Sprenger betont immer wieder: Gesunde Führung geschieht nicht nebenbei, ist kein Nebenjob neben der eigentlichen Arbeit, sondern ist das, was Führungskräfte im Wesentlichen zu leisten haben.[89]

Vielleicht nehmen Sie dieses Kapitel zum Anlass, noch einmal über Ihr eigenes Zeitmanagement nachzudenken:

Auch wenn es im Alltag schwer ist: Ausreichende Zeitkontingente sind notwendig, wenn ein Unternehmen auch in Zukunft mit arbeitsfähigem Personal rechnen will. Je mehr Menschen in einer Organisation zusammenarbeiten, desto mehr Zeit wird für Kommunikation und Führung benötigt. Das gilt besonders für große und komplexe Organisationen wie Kirche und Diakonie.

Wer nicht erleben möchte, dass sich immer mehr Mitarbei-

Selbsttest „Zeit für Führung"
Wie viel Zeit nehmen Sie sich für Ihre Führungsaufgaben? Wie oft und wie lange sprechen Sie mit Ihren Mitarbeitenden? Und welche Erfahrung haben Sie mit Ihrem eigenen Chef? Wie viel Zeit nimmt sich Ihr Vorgesetzter für Sie?

tende verabschieden, weil sie krank werden oder anderswo bessere Arbeitsbedingungen vorfinden, muss sich Zeiten für diese wichtige Leitungsaufgabe reservieren. Die Wirtschaft, die nicht im Verdacht steht, aus purem Altruismus zu handeln, sondern aus ökonomischen Notwendigkeiten, hat das schon lange erkannt. Der zunehmende Mangel an Fachkräften und die Sorge um die eigene Wettbewerbsfähigkeit führen dazu, dass gesunde Führung ein Top-Thema für die oberste Managementebene der Wirtschaft geworden ist. Umso mehr sollten sich kirchliche und diakonische Einrichtungen des Themas annehmen und gesunde Führung nicht länger stiefmütterlich behandeln.

Wer die Beziehungspflege vernachlässigt und Gefühle übergeht, hat im Nachhinein hohe Reibungs- und Zeitverluste. Ein Beispiel:

Eine Abteilung der Diakonie ist mit Umstrukturierung beschäftigt und hat eine Unternehmensberatung mit der Prozessbegleitung beauftragt. Die Berater möchten sich einen Überblick verschaffen und wollen wissen, welche Aufgaben die Mitarbeitenden haben und wie viel Zeit sie in etwa dafür aufwenden. Der geschäftsführende Pfarrer schreibt – weil es zu einer Sitzung muss – in Eile eine kurze Mail an alle Mitarbeitender:

„Liebe Kollegen und Kolleginnen, bitte schicken Sie mir bis zum Ende der Woche eine Aufstellung Ihrer Aufgaben und vermerken Sie, wie viel Zeit Sie wofür benötigen.

Mit freundlichen Grüßen

Ihr N.N.“

Die Mail schlug hohe Wellen, schürte diffuse Ängste und wurde als Gängelung und Kontrolle empfunden. Natürlich ging ein Aufschrei durch die Mitarbeiterschaft. Die Mitarbeitervertretung wurde eingeschaltet. Zahlreiche Gespräche waren nötig, um die Wogen wieder zu glätten.

Wer beim Thema Führung meint, Zeit sparen zu können, zahlt am Ende immer drauf. Der Schuss geht nach hinten los. Es ist geradezu paradox: Um Zeit zu sparen, muss Zeit investiert werden. Führung braucht Raum und Zeit für den vertrauensvollen Aufbau und Pflege von Beziehungen. Selbst Sorgfalt beim Schreiben von Mails kann sich hier auszahlen. Denn wenn Mitarbeitende sich verstanden und ernstgenommen fühlen, zeigen sie deutlich mehr Engagement.[90]

Wie sinnvolles Zeitmanagement verstanden werden kann, soll die folgende Übung verdeutlichen, die ich hin und wieder bei Führungskräftetrainings einsetze:

Zeit für die wirklich wichtigen Dinge

Ein großer Glaskrug wird als Symbol für die uns zur Verfügung stehende Lebenszeit auf einen Tisch gestellt. Dann hole ich ein Dutzend etwa tennisballgroße Kieselsteine hervor und lege sie sorgfältig einen nach dem anderen in den großen Krug. Wenn der Krug bis an den Rand gefüllt ist und kein weiterer Kieselstein mehr darin Platz hat, frage ich die Zuhörer: „Ist der Krug voll?" – Und in der Regel antworten alle: „Ja!"
Ich warte ein paar Sekunden ab und frage: „Wirklich?" Dann hole ich einen mit Kies gefüllten Becher hervor. Sorgfältig verteile ich den Kies über die großen Kieselsteine. Der Kies verteilt sich zwischen den großen Kieselsteinen bis auf den Boden des Kruges. Ich frage mein Publikum erneut: „Ist dieser Krug voll?" Jetzt lautet die Antwort in der Regel: „Wahrscheinlich nicht." Dann hole ich ein Gefäß mit Sand hervor. Vorsichtig kippe ich den Sand in den Krug. Der Sand füllt die Räume zwischen den großen Kieselsteinen und dem Kies aus. Wieder frage ich: „Ist das Gefäß jetzt voll?" Nachdenkliches Schweigen ist an dieser Stelle die häufigste Reaktion.

Dann nehme ich eine bis dahin versteckte Wasserkanne und füllte den Krug bis an den Rand. Die Anschlussfrage lautet: „Was können wir Wichtiges aus diesem Experiment lernen?“ Die häufigste Antwort lautet: „Daraus lernen wir, dass selbst wenn wir denken, dass unser Zeitplan schon bis zum Rand voll ist, wenn wir es wirklich wollen, immer noch einen Termin oder andere Dinge einschieben können.“ Aber darum geht es nicht. Was wir wirklich aus diesem Experiment lernen können, ist Folgendes: Wenn man die großen Kieselsteine nicht als erstes in den Krug legt, werden sie später niemals alle hineinpassen. Beginnen wir unsere Lebenszeitvase mit kleinen Steinen oder Sand zu füllen, also mit den unwichtigeren Dingen unseres Lebens, ist für die wirklich wichtigen Themen wie unsere Familie, unsere Freunde, unsere Träume, unsere Gesundheit, kein Platz. Deshalb sollten wir uns fragen: Was sind die großen Kieselsteine in meinem Leben? Denn diese gehören zuerst in den Krug.

Aus dieser Übung kann man Folgendes für das Führungsverhalten lernen.

1. Priorisierung tut not.
   Jede Führungskraft muss entscheiden, was die wirklich wichtigen und großen Kieselsteine in Bezug auf das eigene Tätigkeitsfeld sind. Und sollte daher den Terminkalender zunächst mit genau diesen großen Steinen füllen.
   Hierhin gehört auch die Unterscheidung von wichtigen und dringenden Aufgaben. Nicht selten bleiben die wichtigen Aufgaben liegen, weil das dringende Tagesgeschäft alle Zeit in Anspruch nimmt. Die meisten Vorgesetzten machen den Fehler, sich Personalgespräche für Zeiten aufzuheben,

wenn es mal ein wenig ruhiger ist. Die Erfahrung zeigt, dass diese ruhigen Zeiten meist nicht kommen.
Wer gesund führen möchte, sollte als erstes eintragen, wie oft und wann er mit seinen Mitarbeitenden sprechen möchte. Nur dann wird er ausreichend viele Stunden für die Führungsaufgabe Beziehungsmanagement haben.

2. Sorgfältige Planung ist die halbe Miete.
Führungskräfte neigen dazu, den Wunsch zum Vater des Gedankens zu machen. Sie planen zu optimistisch. Weil sie möglichst viel erledigen wollen, kalkulieren sie zu knapp und vergessen vor allem das Unvorhersehbare.[91]
Außerdem müssen Termine mit Vor- und Nachbereitungszeiten in den Kalender eingetragen werden. Da in der Regel kein Hubschrauber zur Verfügung steht, sind auch die Wegezeiten samt Stau miteinzubeziehen. Das klingt nach einer Binsenweisheit. Im Coaching erlebe ich aber immer wieder, dass solch einfachen Dinge zu wenig beherzigt werden. Das führt zu Stress und Missverständnissen.
Der Geschäftsführer einer diakonischen Einrichtung kommt zu spät zur abendlichen Sitzung, weil er nicht an den Berufsverkehr gedacht hat. Er ärgert sich über sich selbst, macht ein mürrisches Gesicht und beteiligt sich im leicht genervten Ton an der Diskussion. Seine Assistentin, die Protokoll schreibt, nimmt die angespannte Atmosphäre wahr und fühlt sich nach der Besprechung total gestresst, weil sie die schlechte Stimmung auf sich bezieht.

3. Genug ist genug.
Irgendwann ist der Arbeitszeitkrug so gefüllt, dass wirklich nichts mehr hineingeht. Es gibt Grenzen, die nicht mehr überschritten werden können. Auch das muss manchmal schlichtweg wahrgenommen werden. Wenn Stellen nicht

mehr besetzt werden, müssen Aufgaben wegfallen. Wenn Mitarbeitende erkranken, kann nur für dringende Notfälle vertreten werden.
Das gilt unverbrüchlich, obwohl es zugegebenermaßen sehr schmerzhaft und bitter ist, wenn wichtige und liebgewonnene Arbeitsbereiche wegfallen.

4. Ehrlichkeit zahlt sich aus.
Solange Zeitnot immer noch das Statussymbol der Erfolgreichen ist, Stress zum guten Ton gehört, berufliche Belastung bis an die Grenze mit Einfluss und Wichtigkeit gleichgesetzt wird, wird sich kaum etwas ändern. Aber Zeitdruck ist kein Zeichen für Elan und Schaffenskraft, sondern leider ein Beleg für schlechtes Zeitmanagement.[92] Übersteigertes berufliches Engagement scheint eine gesellschaftlich anerkannte Form der Verdrängung wichtiger Lebensfragen zu sein. Daher beginnt alles mit einem ehrlichen Blick auf sich selbst. Wem die Arbeit nicht mehr aus dem Kopf geht, muss sich fragen, worin der emotionale Gewinn der Überlastung liegt.

Meine Erfahrung ist: Wenn die Betroffenen zum Beispiel ihre Beziehungsprobleme klären, schaffen sie es plötzlich, sich beruflich abzugrenzen. Oder wenn sie für sich herausgefunden haben, woher die Sehnsucht nach Anerkennung kommt, ergibt sich ein realistischer Blick auf die eigene Leistungsbereitschaft.

Reflexion der Überlastung

- Wofür steht Ihre Überlastung?
- Was wollen Sie vermeiden und nicht wahrnehmen, wenn Sie sich so verausgabe?
- Welches Lebensthema müssten Sie eigentlich angehen, wenn Sie nicht so gestresst wären?
- Woher kommt Ihre Sehnsucht nach Anerkennung?

Ein Pfarrer kommt ins Coaching, weil er sich in seiner Arbeit überhaupt nicht abgrenzen kann. Schon in der ersten Sitzung wird klar, dass das eigentliche Problem gar nicht die Arbeitsbelastung ist. Schon lange ist es schwierig in seiner Ehe. Er ist einfach nicht mehr gern zu Hause. Und wenn er da ist, verkriecht er sich ins Arbeitszimmer. „Lieber Arbeiten als Streiten", ist sein Lebensmotto. Es kommt zur Trennung. Und auf einmal fällt ihm die Abgrenzung in beruflichen Dingen nicht mehr schwer – auch weil er eine neue Partnerin gefunden hat.

Die größten Hürden, die man nehmen muss, um sich mehr Zeit für das Wesentliche freizuschaufeln, ist die Bereitschaft, ehrlich mit sich selbst zu sein. An Zeit fehlt es nämlich vor allem dann, wenn es am Wollen fehlt. Oder positiv formuliert: Wo ein Wille, ist auch ein Weg.

Das gilt auch beim Thema gesunde Führung. Wenn eine Führungskraft sich nicht ausreichend Zeit für ihre Mitarbeitenden nimmt, muss sie sich Rechenschaft darüber ablegen, woher die Widerstände rühren. Hinweise können die Antworten der folgenden Fragen geben:

Sie muss sich fragen, ob und wie viel Interesse sie an der Beziehungspflege hat. Denn Menschen gesund und achtsam führen ist mitunter auch ein echt anstrengendes Unterfangen, bedeutet Selbstreflexion, Auseinandersetzung, Überzeugungsarbeit, sich Einlassen, echtes Interesse. Das muss man wirklich wollen.

Wie steht es um Ihr Interesse an der Beziehungsarbeit?

- Haben Sie Lust und Freude am Beziehungsmanagement?
- Mögen Sie Ihre Mitarbeitenden?
- Welche Fragestellungen würden aufpoppen, wenn Sie sich mehr Zeit für Ihr Team nähmen?

3.4 Gesunde Führung geht nicht ohne Gefühle

In Coaching und Supervision höre ich von Führungskräften immer wieder:

- *„Wenn ich frage, wie es Frau B. geht, fängt sie an zu weinen. Da erkundige ich mich dann lieber gar nicht."*
- *„Die Beachtung der Gefühlsebene nimmt immer so viel Zeit in Anspruch. Das ufert oft aus. Und ich weiß meist nicht, wie ich solch ein Gespräch beenden soll."*
- *„Wenn mir jemand dann von seinen privaten Problemen erzählt, fühle ich mich hilflos und ohnmächtig."*
- *„Was nützt es mir, wenn ich weiß, dass die Kollegen sich nicht leiden mögen. Ich kann ja sowieso nichts daran ändern."*

Ob in Wirtschaftsunternehmen, Kliniken, Stadtverwaltungen, Diakonie oder Kirche: Überall arbeiten Menschen mit bewussten und unbewussten Affekten, Gefühlen und Emotionen. Und weil das so ist, ist auch Führung unweigerlich und unvermeidbar mit Gefühlen verbunden.[93]

Menschen führen heißt menschlich führen. Und das geht nicht ohne Gefühle. Wir kommen nicht darum herum. Auch im Berufsleben müssen wir uns mit unserer Gefühlswelt auseinandersetzen, denn eine Organisation gleicht einem Eisberg. Die rational beobachtbaren Aspekte, also die Sachebene (Strategie, Planung, Controlling, Organigramme, Stellenbeschreibung, Prozesse) machen nur 15 % einer Organisation aus. 85 % liegen im Verborgenen. Das ist die Beziehungsebene. Hier geht es um Machtverteilung, Gruppendynamik, Interaktion, Wertvorstellungen, Rollen, Bedürfnisse, Erwartungen, Ängste, Motivation, Konflikte, Unternehmenskultur.[94]

Ein Beispiel: In einer Kirchengemeinde sollen zwei Kindergottesdienste zusammengelegt werden. Die Sache ist beschlossen, doch die Teams finden faktisch keinen Termin, um ein neues Konzept zu er-

stellen. In der Supervision der betroffenen Pfarrer tauchen schließlich die Ängste und auch die Konkurrenz zwischen den Bezirken auf. Erst als die wesentlichen Fragen:

- *Wen trifft die Zusammenlegung?*
- *Wer arbeitet wie viel?*
- *Welcher Dienst ist wichtiger?*

annähernd geklärt sind, kann ein gemeinsamer Termin für die konzeptionelle Arbeit gefunden werden.

Die Basis erfolgreicher Führung ist die Beachtung der Beziehungsebene. Aber viele Führungskräfte fühlen sich, wenn es um Emotionen und Affekte geht, auf unsicherem Terrain und glauben, dass es ausreicht, auf der Sachebene zu kommunizieren. Sie wundern sich dann, dass die Dinge nicht rund laufen, gehen unermüdlich eine Schleife nach der anderen, bis sie sich irgendwann eingestehen, dass es zwecklos ist, die Gefühle der Mitarbeitenden zu ignorieren. Dieses Vorgehen kostet unglaublich viel Energie. Mich berührt es sehr zu sehen, wie viel Zeit und Kraft auf diese Weise verloren geht.

Umgekehrt ist es eine wichtige Ressource gesunder Führung, wenn das Erspüren der vielfältigen Gefühle gelingt, wenn Emotionen und Affekte wahrgenommen werden.

Wer einkalkuliert, dass nicht nur bewusste, sondern vielfach auch unbewusste, mit-, neben- und vorbewusste Prozesse unser Handeln leiten, hat gute Chancen, die Gesundheit seiner Mitarbeitenden positiv zu beeinflussen und die Burnoutgefahren zu minimieren.

Hilfreich in diesem Zusammenhang ist die Beachtung der Phänomene Übertragung und Projektion.

Übertragung

Bei der Übertragung richtet der Mitarbeitende (aber auch die Führungskraft) bestimmte Gefühle, Erwartungen oder Wünsche auf sein Gegenüber, die nicht so sehr dem Anderen als Person gelten, sondern als Gefühle eigentlich aus früheren Beziehungserfahrungen des Mitarbeitenden (oder eben des Chefs) herrühren. Ein Beispiel:

Herr M. ist Vorstandsmitglied eines großen diakonischen Unternehmens. Er ist unglaublich enttäuscht. Der Vorstandsvorsitzende verlässt das Unternehmen aus Altersgründen und hat die einzige Frau im Vorstandsteam als Nachfolgerin für den Vorsitz ins Spiel gebracht. Herr M. versteht die Welt nicht mehr. Er ist tief verletzt, obwohl er unter inhaltlichen Aspekten die Entscheidung sogar nachvollziehen kann. Er spürt, dass seine Kränkung überschießend ist. Was war passiert? Im Vorsitzenden hatte er immer einen väterlichen Freund gesehen. Unbewusst hatte er gehofft, in ihm einen guten Vater zu finden. Und zwar einen, den er in der Realität nicht gehabt hat. Durch die Bevorzugung der einzigen Frau im Vorstandsteam aktualisiert sich ein altes Trauma. Beim Tod des Vaters hatte er erschüttert feststellen müssen, dass die ältere Schwester als Alleinerbin eingesetzt war, obwohl er sich die letzten Jahre aufopfernd um den dementen Vater gekümmert hatte. Nun erlebt er Ähnliches. Seine Vorstandkollegin erbt den Vorsitz.

Führungskräfte müssen sich bewusst sein, dass sie von ihren Mitarbeitenden nicht selten unbewusst als Elterninstanzen erlebt werden. Damit werden sie wie im Fallbeispiel mit unverarbeiteten Verletzungen und Kränkungen konfrontiert, erleben aber auch unrealistische Idealisierung oder enttäuschungsbereite Bedürftigkeit.[95] Übertragungsphänomene finden permanent und ständig statt – im Positiven wie im Negativen. Sie sind Teil jedes Beziehungsgeschehens. Sie helfen uns, die Komplexität unserer Welt zu reduzieren. Denn wenn wir die Gleichartigkeit von Beziehungen betonen (und weniger die Unterschiede fokussieren), schafft das Sicherheit und reduziert Angst. Nicht jede Übertragung müssen wir daher analysieren und verstehen. Wenn aber deutlich wird, dass es zu überschießenden Gefühlen kommt, die irgendwie unangemessen erscheinen und nicht zur erlebten Situation passen, wenn uns Beziehungen im Hier und Jetzt beschweren, wenn Führungskräfte das Gefühl haben, dass von ihnen zu viel erwartet wird, oder sie spüren, dass sie auf bestimmte Mitarbeitende immer ärgerlich, auf andere aber vorwiegend wohlwollend reagieren, lohnt die Bewusstseinsarbeit. Dann ist es sinnvoll nachzuforschen, an welche alte Beziehung die aktuelle Situation erinnert.

Die Schatten der Vergangenheit sind lang. Viele unserer Verhaltensweisen haben ihre Wurzeln in unserer Biographie, denn wir haben nicht nur eine Geschichte, sondern wir sind unsere Geschichte. Immer wieder reagieren Mitarbeitende so, als ob sie noch kleine Kinder wären, die um die Liebe und Anerkennung ihrer Eltern kämpfen. Die Analyse von Übertragungssituationen ermöglicht einen bewussteren Umgang mit den eigenen und den fremden Affekten. Ein Beispiel:

Ein Pfarrer sagt: *„Seitdem mir deutlich geworden ist, dass sich in meinen Machtkämpfen mit der Leiterin des Kirchen-Cafés mein alter Konflikt mit meiner Mutter aktualisiert und reaktiviert, kann ich viel gelassener mit der Situation umgehen. Unsere Beziehung hat sich entspannt. Sie macht mir – obwohl sie gar nichts von meiner Erkenntnis weiß – weniger Vorhaltungen, und ich reagiere nicht mehr reflexhaft, wie ein Pubertierender. Dadurch ist meine Vorgesetztenrolle viel klarer geworden. Und Frau M. ist deutlich gelassener."*

Das Bewusstmachen von Übertragungssituationen ist eine wichtige Methode gesunder Führung, weil es ermöglicht, angemessen und erwachsen auf die Mitarbeitenden zu reagieren. Die Führungskraft weiß dann, dass das Verhalten des Gegenübers, genauso wie das eigene, ein Reaktionsmuster darstellt, das aus anderen, meist alten Beziehungserfahrungen herrührt. Das gezeigte, ehemals vielleicht angebrachte Verhalten kann dann dechiffriert werden. So wird es möglich, die verschlüsselte Botschaft hinter der offensichtlichen Botschaft zu verstehen. Manchmal genügt das eigene Nachdenken und Nachspüren. Manchmal – wenn wir selbst sehr verstrickt sind – braucht es Unterstützung von außen in Form von Supervision oder Coaching.

Neben der Übertragung gibt es auch das Phänomen der Projektion.

Projektion

Bei der Projektion werden Eigenschaften, welche die projizierende Person bei sich selbst nicht wahrhaben möchte, anderen Personen zugeschrieben. Oder ein innerpsychischer Konflikt wird auf eine andere Person projiziert. Eine der bekanntesten und anschaulichsten Projektionsgeschichten stammt von Paul Watzlawick:

„Ein Mann will ein Bild aufhängen. Den Nagel hat er, nicht aber den Hammer. Der Nachbar hat einen. Also beschließt der Mann, hinüberzugehen und ihn auszuborgen. Doch da kommt ihm ein Zweifel: Was, wenn der Nachbar mir den Hammer nicht leihen will?

Gestern schon grüßte er nur so flüchtig. Vielleicht war er in Eile. Vielleicht hat er die Eile nur vorgeschützt, und er hat was gegen mich. Und was? Ich habe ihm nichts getan; der bildet sich da etwas ein. Wenn jemand von mir ein Werkzeug borgen wollte, ich gäbe es ihm sofort. Und warum er nicht? Wie kann man einem Mitmenschen einen so einfachen Gefallen abschlagen?

Leute wie dieser Kerl vergiften einem das Leben. Und dann bildet er sich noch ein, ich sei auf ihn angewiesen. Bloß weil er einen Hammer hat. Jetzt reicht's mir wirklich. – Und so stürmt er hinüber, läutet, der Nachbar öffnet, doch bevor er ,Guten Tag' sagen kann, schreit ihn unser Mann an: ,Behalten Sie Ihren Hammer'.“[96]

Was in der Geschichte witzig und überspitzt daherkommt, ist Alltag in Kirche und Diakonie.

Eine junge Pfarrerin ist neu in der Gemeinde und versucht engagiert, ihre neuen Aufgaben wahrzunehmen. Der ältere Kollege fühlt sich zurückgedrängt und ist insgeheim neidisch auf ihren Erfolg und die Leichtigkeit, mit der sie mit Menschen in Kontakt tritt. Weil aber nicht sein kann, was nicht sein darf, unterdrückt er seine eigenen aggressiven und eifersüchtigen Impulse. Bei nächstbester Gelegenheit fährt er ihr in die Kandare: „Ihren Selbstdarstellungszwang und Ihre Alleingänge bin ich jetzt leid. Hier geht es um die Sache und nicht um persönlichen Erfolg.“

Wenn Führungskräfte Projektionen bei sich und anderen erkennen und verstehen, gewinnen sie deutlich mehr Einfluss auf ihre Gefühlswelt. Sie sind einerseits eher davor geschützt, von sich auf andere zu schließen. Andererseits nehmen sie nicht mehr alles persönlich und haben die Fähigkeit, ihre Mitarbeitenden mit deren Sichtweisen wahr- und ernst zu nehmen.

Um Projektionen bei sich zu entdecken, helfen die Fragen im Textkasten:

Eigene und fremde Gefühle

- Haben Ihre Gefühle mehr mit Ihnen als mit dem Anderen zu tun?
- Werfen Sie dem Anderen etwas vor, was eigentlich Ihr eigenes Gefühl/Charakterzug/Unvermögen ist?
- Oder werfen Sie ihm etwas vor, was Sie sich nicht erlauben?
- Oder sind Sie gekränkt, weil der Andere etwas hat/kann, was Sie nicht haben oder nicht können?

3.5 Gesunde Führung beginnt mit Selbstwahrnehmung

Gesunde Führung beginnt beim Chef selbst. Wenn die Führungskraft schlecht drauf ist, selbst massiv unter Druck steht und nicht weiß, wie er das alles schaffen soll, wird er auch kein offenes Ohr haben für die Belange der Mitarbeitenden. Selbsterkenntnis ist daher der erste Schritt zur Umsetzung eines gesunden Führungsstils. Der Vorgesetzte sollte sich selbst kein Ungekannter sein. Wer sich selbst nicht spürt und z. B. nicht wahrnimmt, wenn er angeschlagen ist, kann schlecht auf dünnhäutige, erschöpfte Mitarbeitende eingehen.

Die Leiter des Altenheimes sagt: „Mich macht es aggressiv, wenn Frau K. krankgeschrieben wird, nur weil sie sich müde und ausgepowert fühlt. Hätte sie einen Bandscheibenvorfall oder eine Grippe, wäre das ja ok. Aber müde!? Ich bin auch erschöpft. Aber es hilft doch nichts. Der Aufsichtsrat erwartet schließlich meinen Bericht."

Grundlage gesunder Führung ist der gesunde Umgang mit sich selbst. Vielen Chefs ist nicht klar, dass und wie sich ihr Verhalten unter Stress massiv verändern und damit eine Atmosphäre der Hektik und des Drucks erzeugen kann, die das konzentrierte und motivierte Arbeiten der anderen erschwert oder gar unmöglich macht. Der Stress der Führungskraft wirkt dann ansteckend auf die anderen. Gute Führungskräfte berücksichtigen, dass sie mit ihren Stimmungen die anderen infizieren und so nachhaltig das Arbeitsklima bestimmen. Das gilt für gute wie für schlechte Laune.

Die Fähigkeit, sich selbst mit den eigenen Empfindungen, Wünschen, Erwartungen, Verletzungen, Ängsten, Aggressionen zu erkennen, ist eine große Hilfe, um die Affekte und Emotionen anderer zu verstehen.

Viele Chefs sind ungeübt in Selbsterfahrung und gehen wenig achtsam mit ihrer Gefühlswelt um. Manchmal scheint es leichter, unangenehme Empfindungen wegzuschieben. Aber unterdrückte Gefühle sind nicht einfach weg, sondern wirken im Unterbewussten in unkontrollierter Art und Weise fort. Gerade die Tabuisierung von Emotionen führt dazu, dass Gefühle eine destruktive Kraft entfalten können. Gefühle werden erst dann gefährlich, wenn man sie nicht bemerkt.[97] Führungskräfte brauchen deshalb eine möglichst gute Selbstwahrnehmung und ausreichende emotionale Schwingungsfähigkeit.

Gerade wenn Burnout bereits ein Thema in der Organisation ist, ist es bedeutsam, dass Chefs auch ihre eigene Erschöpfung wahrnehmen. Obwohl die Überforderung durch Geschwindigkeit allgegenwärtig ist, fällt es vielen Führungskräften im konkreten Einzelfall gar nicht leicht, bei sich selbst, aber auch bei anderen, Überlastungsphänomene rechtzeitig zu erkennen. Achtsamkeit lautet daher das Zauberwort.[98] Und tatsächlich machen viele Unternehmen gute Erfahrungen, seitdem sie Achtsamkeitstrainings anbieten. Denn wenn eine Führungskraft achtsam mit sich selbst umgeht, geht sie auch achtsamer mit den Mitarbeitenden um, und desto achtsamer sind auch die Mitarbeitenden untereinander und mit ihrem Chef. Das ist ein sich selbst verstärkender Prozess.

Achtsamkeitsübungen (wie z. B. der Bodyscan oder der Raumlauf) verbessern die Selbstwahrnehmung und damit die emotionale Kompetenz signifikant. Das ist deshalb von Interesse, weil Gefühle uns oft schneller erreichen als kognitive Erkenntnisse. Emotionen sind ein wichtiger Seismograf und geben entscheidende Handlungshinweise. Noch bevor wir mit Menschen ins Gespräch kommen, erfassen wir intuitiv, wie es unserem Gegenüber geht und ob wir ihn mögen oder unsympathisch finden. Wer in achtsamer Wahrnehmung gut geschult ist, kann sich diese Resonanz zunutze machen und seine emotionale Intelligenz verbessern.

Es ist für eine Führungskraft sehr nützlich, gerade die eigenen Gefühle zu kennen, denn wohin wir auch gehen, nehmen wir unser Energiefeld, unsere Weltsicht und eben auch unsere vielfältigen Affekte, Wünsche und Erwartungen mit. Und die haben auch Auswirkungen auf andere. Nur wenn wir um unsere Emotionen wissen, können wir auch bewusst mit ihnen umgehen. Wenn wir sie ignorieren wollen, „grätschen" sie uns allzu schnell und vor allem unkontrolliert in unsere beruflichen und privaten Beziehungen. Eine kurze und bekannte Geschichte zur Verdeutlichung:

Der Weise an der Stadtmauer
Ein weiser Mann saß vor einem Stadttor. Ein anderer Mann kam des Weges und fragte den weisen Mann: „Kannst du mir sagen, wie die Menschen in dieser Stadt sind?" Da antwortete der Weise mit einer Gegenfrage: „Wie waren die Menschen in der Stadt, aus der du kommst?" – „Dumm, ignorant und selbstsüchtig. Darum bin ich auch von dort weggegangen und will hier neu anfangen." – „Es tut mir leid", sagte der Weise, „aber auch in dieser Stadt sind die Menschen dumm, ignorant und selbstsüchtig."

Tags drauf kommt erneut ein Mann ans Stadttor. Auch dieser fragt den Weisen, ob er wisse, wie die Menschen in der Stadt seien. – „Wie waren sie in der Stadt, aus der du kommst?", fragt wiederum der Weise zurück. – „Ach, sie waren so zuvorkommend, aufmerksam und hilfsbereit, doch leider gab es für mich keine Arbeit und darum musste ich wegziehen", antwortete der Mann – „Da hast du Glück", sprach da der Weise, „denn auch hier sind die Menschen zuvorkommend, aufmerksam und hilfsbereit".

Wie es in den Wald schallt, so schallt es auch heraus. Wer sich verdeutlicht, wie viel Einfluss die eigene Stimmungslage auf seine direkten Mitmenschen hat, kann dies positiv nutzen.

Um gesund führen zu können, braucht es neben der ehrlichen Selbstwahrnehmung auch die Fähigkeit zur Selbstregulation und Selbstorganisation. Wer sich selbst gut steuert, agiert seine Launen nicht einfach aus und fühlt sich den Stimmungen anderer weniger ausgeliefert. Wer sich selbst und den eigenen Stresspegel wahrnimmt, ist auch sensibler für die Belastungssignale der anderen.

Viele Führungskräfte glauben von sich, dass sie das bereits alles gut beherrschen. Doch Selbstbild und Fremdbild klaffen oft weit auseinander. Während Vorgesetzte sich in der Regel ein gutes Führungszeugnis ausstellen, sehen das die Mitarbeitenden sehr viel kritischer und differenzierter.

Ein Dekan referiert auf einer Tagung über die gelungenen Umstrukturierungen in seinem Dekanat und bescheinigt sich selbst beste Moderationsfähigkeiten. An der Tagung nehmen auch Pfarrer seines Dekanats teil. Sie reagieren gelinde gesagt erstaunt auf die Ausführungen ihres Chefs, den sie als ungeduldig, herrisch und als kommunikativen Analphabeten beschreiben.

Sicher ein extremes Beispiel. Aber die Diskrepanz von Selbst- und Fremdwahrnehmung ist bei vielen Führungskräften ein eklatantes Problem. Bei Schwierigkeiten und Krisen sehen sie die Ursachen eher selten bei sich. Schuld sind vor allem und in erster Linie die anderen. Sie unterschätzen erheblich ihren Einfluss auf die Teamstimmung, ignorieren ihren Anteil an Konflikten, überbewerten gleichzeitig ihren Part am Erfolg.

Wer gesund führen möchte, kommt um die ehrliche und schonungslose Selbstanalyse nicht herum. Doch Vorgesetzte neigen dazu, ihre Leitungsrolle zu spielen und sich an ihrem Drehbuch festzuhalten.

Die leitende Pfarrerin eines Seelsorgeteams ärgert sich darüber, dass die anderen Teammitglieder weniger arbeiten und ihrer Meinung nach weniger engagiert erscheinen. Erst in der Beratung wird ihr schmerzlich klar, dass sie als kinderloser Single viel mehr zeitliche Kapazitäten hat und oft froh ist, nicht allein zuhause zu sitzen, sondern in ihrem Arbeitsfeld gebraucht zu werden.

Nicht nur dieses Beispiel zeigt: Es braucht viel Mut, ehrlich und aufrichtig nachzuforschen, wer man wirklich ist, was man will und welches Ziel man eigentlich verfolgt. Es geht um die Frage nach den inneren Antreibern.

Wer bin ich, und was macht mich aus?

- Was treibt Sie an?
- An welchen Punkten sind Sie verletzbar?
- Wo sind Ihre blinden Flecken?
- Welchen geheimen Zielen und Werten folgen Sie?

Gerade in Kirche und Diakonie sind solche Fragen heikel. Denn wer gibt schon gerne zu, dass er mit der Arbeit nicht der Nächstenliebe frönt, sondern die eigene Einsamkeit verdrängt oder dass ihn sein Ehrgeiz treibt, dass er kränkbar ist, wenn man ihm den Applaus verwehrt, dass er insgeheim den nächsten Karrieresprung ins Landeskirchenamt nur anstrebt, weil der mit einer Höhergruppierung verbunden ist, oder dass man einen Mitarbeiter schlichtweg nicht ausstehen kann.

Die Wahrnehmung der eigenen Gefühle sollte ohne Schere im Kopf erfolgen. Alle Gefühle dürfen sein. Unsere Gefühle unterstehen keiner Moral, nur unsere Handlung haben wir ethisch zu verantworten. Versuchen wir ein unangenehmes oder vermeintlich unanständiges Gefühl zu unterdrücken, können wir dies nur, wenn wir alle Gefühle auf Stand-by stellen. Wollen wir Trauer, Wut, Neid, Aggression, Ekel oder chronischen Stress nicht wahrnehmen, reduziert dies automatisch auch unsere Lebensfreude, Lust, Leidenschaft und Ausgelassenheit.

Doch wer sich traut, sich gerade auch den schwierigen persönlichen Fragen und den vermeintlich peinlichen Antworten und Emotionen zu stellen, hat die Chance, sich und andere besser zu verstehen und gesünder zu führen.

Wer Selbstreflexion praktiziert, ist weniger gefangen in stereotypen Rollen. Er kann seine unausgegorenen, versteckten, vielleicht dunklen Anteile wahrnehmen, beachtet den toten Winkel, weil er genau hinschaut, und wird so beziehungsfähiger. So kann er seinen Führungsstil weiterentwickeln, in dem Gutes beibehalten und Ausbaufähiges gefördert wird.

Die achtsame Wahrnehmung seiner vielfältigen Stimmungen ist oft mit Widerständen verbunden. Führungskräfte monieren manchmal, Gefühle seien wie leise Töne. Die gingen doch im lauten und hektischen Alltag unter. Da bräuchte man besondere Antennen.

Die bekannte und in vielen Varianten überlieferte Geschichte vom Indianer und der Grille ist eine mögliche Antwort auf solche Widerstände.

Ein Indianer, der bisher nur in einem Reservat weit entfernt von größeren Städten gelebt hatte, besuchte das erste Mal seinen weißen Bruder in der Großstadt. Er war sehr verwirrt vom vielen Lärm, von der Hektik und vom Gestank in den Straßenschluchten. Als sie nun durch die Einkaufsstraße mit den vielen Geschäften schlenderten, hielt der Indianer plötzlich inne. „Was hast du?“, fragte ihn sein weißer Bruder. „Ich höre irgendwo eine Grille zirpen“, antwortete der Indianer. „Das ist unmöglich“, lachte der Städter. „Erstens gibt es hier in der Stadt keine Grillen, und zweitens würde ihr Geräusch in diesem Lärm untergehen.“ Der Indianer ließ sich jedoch nicht beirren. Er folgte dem Zirpen. Sie kamen zu einem alten mit Efeu überwucherten Haus. Der Indianer teilte die Blätter, und tatsächlich: Da saß eine große Grille. „Ihr Indianer habt eben einfach ein viel besseres Gehör“, sagte der Weiße im Weitergehen. „Unsinn“, er-

widerte sein Freund vom Land. „Ich werde dir das Gegenteil beweisen." Er nahm eine kleine Münze aus seiner Tasche und warf sie auf den Boden. Ein leises „Pling" ließ sich vernehmen. Selbst einige Passanten, die viele Meter entfernt standen, drehten sich augenblicklich um und schauten in die Richtung, aus der sie das Geräusch gehört hatten. „Siehst du, mein Freund, es liegt nicht am Gehör. Was wir wahrnehmen können oder nicht, liegt ausschließlich an der Richtung unserer Aufmerksamkeit. Was du hörst, sagt mehr darüber aus, wie du denkst, als was dich umgibt."

3.6 Gesunde Führung weiß um die inneren Führungsbilder

Ein Pfarrer erzählt vom Teamgespräch mit seinen gemeindlichen Mitarbeitenden und sagt:

„In letzter Zeit klappen die Besprechungen immer besser. Erstaunlicherweise reicht die Zeit jetzt immer."

In der Betrachtung wird deutlich, dass das kein Zufall ist. Seit einiger Zeit gibt es eine Veränderung im Ablauf der Besprechung. Jedes Meeting beginnt – weil es neuerdings mit einem Frühstück verbunden ist – mit einer offenen, informellen Phase. Das hat einen positiven, vorher gar nicht bedachten Effekt. Während sich die Teilnehmenden mit Getränken und Brötchen versorgen, wird bereits über Dienstliches gesprochen. Viele Absprachen, die nur zwei oder drei Teammitglieder angehen, werden so schon vor dem offiziellen Beginn der Sitzung geklärt und blähen die Tagesordnung nicht unnötig auf. Das spart Zeit und fördert die Konzentration, weil im Dienstgespräch nur noch das besprochen wird, was für alle von Interesse ist.

Obwohl die Zufriedenheit im Team steigt, findet der Pfarrer es äußerst misslich, dass er nun nicht mehr über alle Absprachen in Kenntnis gesetzt wird. Nachdem er sein starkes Interesse an Kontrolle sowohl wahrnimmt als auch kritisch hinterfragt, versteht er, welche Bedingungen die Besprechungskultur verändert haben. Seither setzt er die Methode auch bei anderen Besprechungen bewusst ein. Jedes Meeting beginnt nun, auch wenn nicht gemeinsam gegessen wird, mit einem informellen Teil, in dem die Sitzungsteilnehmenden in kleineren Gruppen Absprachen treffen können.

Dieses Beispiel zeigt, wie wichtig es ist, zu wissen, welchem Führungsbild man insgeheim folgt. Die Führungskraft im Fallbeispiel verbindet mit Führung das Bild des Dirigenten, der alle und alles jederzeit im Blick hat und so für Gleichklang sorgt. Als Ergebnis der Supervision ergänzt er sein inneres Führungsbild und fasst zusammen: „Der Dirigent muss im Konzertsaal alles im Blick und im Griff haben. Aber er muss nicht kontrollieren, wie viel und mit wem jeder Musiker übt und probt. Für mich als Chef heißt das: Solange das Zusammenspiel klappt, muss ich nicht alle Detailabsprachen kennen."

Jede Führungskraft sollte sich fragen, welche Bilder sie von guter und gesunder Führung im Kopf hat.

Diese inneren bewussten oder unbewussten Bilder prägen das Führungsverhalten. Es macht einen großen Unterschied, ob man sich im Grunde seinen Herzens als Führungskraft als Hirte, strenger Vater, Kapitän, kollegialer Berater oder eben Dirigent versteht.

Ein Vorgesetzter kann noch so gut ausgebildet sein. Er scheitert trotzdem, wenn er nicht um seine inneren Führungsbilder weiß. Denn die wirken und rufen beim Gegenüber Reaktionen hervor. Ein Beispiel:

Der Geschäftsführer einer Pflegeeinrichtung gönnt sich – obwohl er es durch den Besuch zahlreicher Führungsseminare besser wissen

Führungsbilder
Wie verstehen Sie sich? Sind Sie ...
... Anführer oder Hirte, fürsorgliche Mama oder strenger Vater, Patriarch, Kumpel, Teamplayer, Machtmensch, Schatzsucher, Moderator, Visionär, Sterndeuter oder Korinthenkacker, Lenker, Gebieter, Befehlshaber, Regent, Souverän, Boss, Kapitän, Held, Primus, Star, Genie, Triumphator, Chauffeur, Entscheider, Dirigent, Initiator, Leithammel, Häuptling, Schöpfer, Bevollmächtigter, Hochstapler, Drahtzieher, Verwalter, Meister, Wegweiser, Antreiber, Weggefährte oder Begleiter?

müsste – keine Pause und keinen Urlaub, ist am Ende seiner Kraft. Er versucht mit detaillierten Aufträgen, engen Zielvorgaben und starren pedantischen Kontrollmechanismen, den Laden im Griff zu haben.

Im Coaching wird deutlich: Schon sein Vater war in leitender Position tätig. Und der hat ihm eingebläut: Als Chef musst du alles besser können als deine Mitarbeiter. Nur wenn du alle Abläufe kennst, wenn du der erste Facharbeiter bist, bist du auch ein guter Chef. Wer länger als eine Woche Urlaub macht, zeigt, dass er entbehrlich ist. Der Klient begreift nur zögerlich, dass dieser Führungsstil, wenn überhaupt, zum Handwerksbetrieb des Vaters passte. Bei einem Pflegeunternehmen mit fast 200 Mitarbeitenden gleicht dieser Führungsstil einem unmöglichen Unterfangen.

Im Coaching lernt er sich von den alten Glaubenssätzen zu verabschieden und merkt: Je weniger ich mich kümmere, umso mehr Verantwortung übernehmen meine Mitarbeiter. Früher haben seine Abteilungsleiter gedacht: Warum sollen wir mitdenken und uns abmühen? Der Chef kümmert sich ja sowieso!

Das Fallbeispiel vergegenwärtigt, dass gesunde Führung nur gelingt, wenn implizite Motive und explizite Ziele zusammenpassen.[99] Solange der Geschäftsführer implizit seinem Vater gefallen und der beste Sachbearbeiter des Unternehmens sein wollte, konnte er sein explizites Ziel (gesunde Selbstführung und Delegation von Aufgaben) nicht erreichen. Erst wenn Bauch und Kopf, implizite Motive und explizite Ziele eine möglichst große Schnittmenge haben, werden aus Absichtserklärungen Handlungsimpulse. Voraussetzung dafür ist aber eine offene und ehrliche Auseinandersetzung mit den eigenen impliziten Motiven.

Weil Selbsterkenntnis der erste Schritt zur Besserung ist, setzen moderne Managementkonzepte bei der Führungskraft an. Eine Führungskraft muss zuallererst lernen, sich selbst zu führen. Nur wenn das stimmig gelingt, kann sie anderen vorangehen, andere fördern und Verantwortung tragen.[100] Gesunde Selbstführung beachtet bei den inneren Führungsbildern vor allem drei Aspekte.

Wer die drei Fragen im Textkasten wahrhaftig beantwortet, kann sich selbst kompetent, effektiv und gesund führen. Und wer andere ebenso kompetent, effektiv und gesund leiten möchte, muss deren Stärken, deren Arbeitsweisen und deren Wertvorstellungen kennen und sich immer wieder mit ihnen darüber austauschen. Führen bedeutet also zunächst und zuallererst Selbstführung und Selbsterkenntnis.

Die eigenen Stärken und Schwächen erkennen

- Wo liegen Ihre Stärken und Ihre Schwächen?
- Wie erzielen Sie eigentlich Ihre Leistungen?
- Welchen offen ausgesprochenen und welchen geheimen Werten folgen Sie?

3.7 Gesunde Führung gelingt nur mit integren Vorbildern

Gerade beim Thema Gesundheit und Selbstsorge sind Führungskräfte als Vorbilder gefragt. „Lebe, was du sagst." Sonst kommt es zum klassischen double bind. Das folgende Beispiel ist typisch:

Ein Superintendent sagt zu den Mitarbeitenden, dass sie auf ihre Gesundheit achten sollen. Er selbst ist aber immer der erste im Büro und geht erst, wenn alle anderen schon lange zu Hause sind. Selbstverständlich verschickt er gern Mails um Mitternacht.

Das sind klassische Doppelbotschaften, die die Aufforderung zu einem salutogenen Arbeitsklima konterkarieren. Und stärker als das gesprochene Wort wirken immer die Taten. Und die verkünden: Hier ist es üblich, als Lippenbekenntnis von Burnout-Prophylaxe zu reden und in Wahrheit Raubbau am eigenen Körper zu betreiben.

Wer also tatsächlich gesund führen möchte, muss mit gutem Beispiel vorangehen. Franz von Sales hat recht, wenn er sagt: Ein Gramm Beispiel ist mehr als ein Zentner guter Worte.

Das bedeutet, dass Führungskräfte Arbeitszeiten einhalten, Erholungs- und Fortbildungsurlaub nicht verfallen lassen, selbstverständlich Mittagspausen außerhalb des eigenen Büros einlegen, Mails – selbst dann, wenn sie ausnahmsweise spät abends geschrieben werden – erst mit Beginn der offiziellen Arbeitszeit verschicken.

Nur wenn eine Führungskraft selbst nicht kontinuierlich über die eigenen Grenzen geht und das Prinzip der Life-Balance vorlebt, kann sie glaubhaft für diese Haltung einstehen.

Der Begriff Life-Balance macht deutlich, dass Arbeitszeit auch Lebenszeit ist. Und deshalb geht es auch in der Arbeitswelt um Wohlbefinden. Sowohl Vorgesetzte als auch Mitarbeitende sind deutlich zufriedener, wenn sie auch in beruflichen Kontexten Spaß haben.

Dazu passt eine Anekdote, die von John Lennon erzählt wird: Als John 5 Jahre alt war, hatte ihm seine Mutter immer gesagt, dass Fröhlichkeit das Wichtigste im Leben sei. Als er in der Schule war, wurde er gefragt, was er sein will, wenn er groß wäre. Er schrieb: Fröhlich! Aber der Lehrer meinte, er hätte den Arbeitsauftrag nicht verstanden. Der kleine John sagte der Lehrkraft, sie hätte das Leben nicht verstanden.

Fröhlichkeit ist zwar kein Beruf, gilt aber als gesundheitserhaltender Faktor, und Freude und Humor zählen zu den wichtigsten Widerstandsressourcen. Gesunde Führung sollte daher versuchen, eine Arbeitsatmosphäre zu schaffen, die die Mitarbeitenden und die Führungskraft selbst emotional anspricht, die Menschen abholt, ihre Energie weckt, ihre Müdigkeit vertreibt und ihnen Entwicklung ermöglicht.

„Eine Mitarbeiterin ist begeistert: Eigentlich wollte ich schon lange mal meine Stelle wechseln. Aber ich habe eine supernette Chefin. Es macht einfach Spaß, mit ihr zu arbeiten. Und weil die Stimmung so gut ist, bleibe ich."

Um eine Welt zu schaffen, der andere gerne angehören wollen, sollten vier Aspekte beachtet werden.

- Kongruenz: Nur wer an sich selbst und seine Sache glaubt, nur wer echt, unverfälscht und transparent ist, kann andere überzeugen. Gesunde Führung wirkt nur, wenn Reden und Handeln stimmig sind. Das Gute daran: So wird der Weg bereits zum Ziel. Geht der Vorgesetzte selbst vernünftig mit Stress um und lebt gesund, wird er zum Promotor und Vorreiter. Dabei ist Standhaftigkeit gefragt. Gesunde Führung muss sich nicht in guten Zeiten, sondern gerade in den Krisenzeiten der Veränderung bewähren. Das gelingt am besten, wenn die Vorbildfunktion frei von demonstrativer Selbstinszenierung ist. Wer authentisch und spontan, ruhig und verlässlich führt, wird als integre Persönlichkeit wahrgenommen Das ist eine gute Basis für eine vertrauensvolle Vorgesetzten-Mitarbeitenden-Beziehung.

Glaubwürdiges Gesundheitsmanagement geht nicht auf in Anti-Stress-Programmen, gesundem Kantinenessen oder öffentlichkeitswirksamen Konzepten zum gesunden Unternehmen. Diese Maßnahmen sind gut und richtig, dürfen aber auf keinen Fall zur Feigenblattfunktion verkommen.

Eine Mitarbeiterin einer großen diakonischen Einrichtung berichtet frustriert: *„Als mein Chef erfuhr, dass ich in meiner Freizeit Übungsleiterin im Sportverein bin, war er hellauf begeistert und bat mich, regelmäßig bewegte Mittagspausen anzubieten. Die Resonanz war gut. Er selbst kam aber nie, weil er ‚Wichtigeres' zu tun hätte. Und als ich fragte, was denn dann mit meiner Mittagspause sei, reagierte er völlig irritiert, da ja auch ich von der bewegten Auszeit profitieren würde."*

So werden sinnvolle Angebote zu kurzen Strohfeuern, die eher das Ausbrennen fördern, anstatt es zu verhindern.

- Empathie: Echtes Interesse und das einfühlende Verstehen sind die Voraussetzung für Kontakt und Beziehungsfähigkeit.

  Es gibt bei vielen Mitarbeitenden eine große Bereitschaft, zu Vorgesetzten aufzublicken, sie zu bewundern und ihnen unbewusst Elternfunktionen zuzuschreiben (vgl. Kapitel 5.4).[101] Hier ist die Empathie der Führungskraft gefragt. Manche Chefs wehren sich gegen die Übertragung. Aber es ist erfolgversprechender, wenn Vorgesetzte (ähnlich wie Eltern) eine haltende und empathische Haltung zur Verfügung stellen. Der Psychoanalytiker Wilfried Ruprecht Bion hat dafür das anschauliche Bild des „Containers" geprägt.[102] Der Chef wird symbolisch zum Aufbewahrungsort für schwierige Herausforderungen. Dieses Containing-Modell (ursprünglich zur Beschreibung der Eltern-Kind-Beziehung verwandt) begleitet uns ein Leben lang. Wenn das „Containen“ gelingt, erleben wir manchmal, dass wir nach einem Gespräch etwas in Worte fassen können, was wir vorher so noch nicht ausdrücken konnten. Der andere hat uns dabei geholfen, uns zu sortieren.

Auch Mitarbeitende erhoffen sich das von ihrem Vorgesetzten, wenn sie ein Problem darstellen und sich gleichzeitig hilflos zeigen, eigene Lösungen zu finden. Sie tun das mitunter so nachhaltig, bis auch die Führungskraft sich ohnmächtig fühlt und die Emotionen des Mitarbeitenden nachempfinden kann.

Doch der Chef kann – wenn Leitung gut gelingt – die Herausforderung und die dazugehörenden Affekte mit mehr Distanz aufnehmen, darüber nachdenken und sie in Worte verpacken. So wird ein Gespräch über Lösungsansätze möglich. Ein Beispiel:

Es geht um die Vergabe der Trägerschaft einer neu zu gründenden OGATA. Der Fachbereichsleiter soll das Konzept der Diakonie im Jugendhilfeausschuss vorstellen. Der Geschäftsführer spürt die Aufregung und sagt: „Sie machen sich Sorgen, dass Ihr Detailwissen nicht ausreicht, um die Fragen der Politiker zu beantworten. Aber das brauchen Sie nicht. Erstens sind Sie gut vorbereitet, und zweitens können Sie immer auf mich verweisen.“

Der Mitarbeitende fühlte sich verstanden und war sehr erleichtert, weil durch die Intervention des Geschäftsführers ein zunächst nicht zu bewältigendes Problem in eine lösbare und erträgliche Herausforderung verwandelt wurde. Was vorher nur gefühlt werden konnte, konnte verbalisiert, kognitiv erfasst und kompetent aufgelöst werden. Macht ein

Mitarbeiter diese Erfahrung des Gehalten- und Gefördertwerdens immer wieder, kann das durchaus zur Weiterentwicklung der Persönlichkeit des Mitarbeitenden beitragen.

- Wertschätzung: Menschen wollen beachtet werden, brauchen Aufmerksamkeit. Sie wollen gefragt werden, mit welchen Themen sie gerade beruflich beschäftigt sind, was ihnen Spaß macht und was sie beschwert. Wertschätzung zeigt sich in der Wärme des Umgangs und an der Herzlichkeit, mit der eine Führungskraft ihren Mitarbeitenden begegnet. Dabei geht es nicht nur um die großen Themen, sondern sehr oft um Kleinigkeiten. Werden die Mitarbeitenden morgens per Handschlag und mit Namen begrüßt, sagt der Chef „Bitte" und „Danke" oder gibt es positive Rückmeldungen, wenn eine Aufgabe gut erledigt wurde. Aber Wertschätzung zeigt sich manchmal schlicht auch daran, wie viele Tippfehler eine E-Mail enthält und ob und wann sie beantwortet wird. Auch hier wirkt sich das Vorbild des Vorgesetzten meist positiv auf das Betriebsklima aus, denn Freundlichkeit und gute Laune wirken ansteckend.
- Fehlertoleranz: Während Perfektionismus als großer Stressfaktor erlebt wird, ist Fehlertoleranz eine Ressource. Fehler sind nicht vermeidbar. Daher lohnt es sich, sie eher als Chance zu begreifen, um Schwachstellen zu minimieren. Fehler geschehen selten aus Bösartigkeit, sondern eher aus Unwissenheit, Erschöpfung oder mangelnder Erfahrung. Es gibt viele gelungene Beispiele für Fehlertoleranz:
  „Wo gehobelt wird, fallen auch Späne", sagt die Teamleiterin in einem sehr sensiblen Verwaltungsbereich, in dem Ungenauigkeiten durchaus bedeutende Folgen haben können. Aber durch ihre Einstellung hat sie erreicht, dass Fehler nicht mehr unter den Tisch gekehrt, sondern als Lernerfahrung genutzt werden. Weil sie weiß, dass niemand gerne Fehler macht, hat sie ein Arbeitskli-

ma geschaffen, das selbstverständlich davon ausgeht, dass Fehler überall und ständig passieren können. Auch sie selbst profitiert davon, weil sie sich zugesteht, nicht fehlerfrei sein zu müssen. Neben der Verbesserung der Teamstimmung hat sich auch die Häufigkeit von schwerwiegenden Patzern drastisch reduziert, weil jeder Mitarbeitende sich traut, Fehler früher wahrzunehmen und zu kommunizieren.

Zusammenfassend kann man sagen: Führungskräfte sollen mit Mitarbeitenden so umgehen, wie sie selbst behandelt werden möchten. Dazu gehören Aufmerksamkeit, Respekt und ein gerüttelt Maß an Wertschätzung.

3.8 Gesunde Führung bedeutet Wertschätzung

Um Mitarbeitende gesund führen zu können, muss eine Führungskraft mit sehr unterschiedlichen Menschen umgehen können und sie in ihrer Einzigartigkeit wahrnehmen und würdigen.

Vielen Menschen scheint eine kritische Haltung zu sich selbst und zu anderen aber zunächst einmal näher zu sein. In meinen Führungskräfteworkshops biete ich folgende Übung an. Ich zeige ein Chart, auf dem nichts weiter zu sehen ist als ein schwarzer Punkt, und bitte die Teilnehmenden zu beschreiben, was sie sehen. Und es ist erstaunlich. Denn in großer Regelmäßigkeit passiert Folgendes: Nahezu alle charakterisieren den schwarzen Punkt, erläutern seine Größe, seine Position in der Mitte der Folie oder seine Farbintensität. Fast niemand beschreibt den weißen Teil des Charts. Jeder scheint sich auf den schwarzen Punkt zu konzentrieren.

Wie wertschätzend begegnen Sie sich?

- Wo liegen Ihre Stärken und Ihre Schwächen?
- Wann gehen Sie mit sich selbst freundlich und zuvorkommend um?
- Sind Sie sich ein guter Freund?
- Schauen Sie wohlwollend, wertschätzend und liebevoll auf sich?
- Oder ist Ihnen der kritische Blick näher?
- Genügen Sie Ihren eigenen Ansprüchen?
- Welchen Werten folgen Sie?

Dieselbe Vorgehensweise wenden Menschen an, wenn sie ihr Leben und Arbeiten beschreiben. Wie bei dieser Übung ist es auch im beruflichen und privaten Alltag. Die hellen und weißen Bereiche sind viel umfassender. Aber Menschen neigen dazu, sich auf die dunklen Flecken zu konzentrieren – bei sich und bei anderen. Anstatt das Gute, Schöne, Unproblematische zu nutzen und zu genießen, arbeiten sie sich pingelig an den schwierigen Punkten ab. Die wenigen dunklen Flecken prägen und trüben ihre Stimmung.

Weil ein wohlwollender Blick Stress reduziert und Ressourcen fördert, sollen Führungskräfte ihre Mitarbeitenden nicht auf deren Defizite festlegen, sondern sich auf deren Potentiale und Kompetenzen konzentrieren.

Dabei müssen Menschen entsprechend ihrer Leistungsbereitschaft und ihrer Leistungsfähigkeit uneigennützig gefördert werden. Etwas plakativ können vier Mitarbeitertypen unterschieden werden. [103]

Mitarbeitertypen

Leistungsbereitschaft ↑

Mitarbeitende, die arbeiten wie Marta, müssen qualifiziert werden, um Entwicklung zu ermöglichen.	**Mitarbeitende, die motiviert und kompetent sind wie Mirjam,** müssen so eingebunden und gefördert werden, dass sie sich mit ihrem Engagement und ihren Fähigkeiten anerkannt fühlen.
Mitarbeiter, die sich als Problemfälle darstellen wie der Knecht, der das anvertraute Pfund vergräbt, müssen zur Entwicklung angeregt werden, oder es muss zu einer Trennung kommen.	**Mitarbeitende, die ihr Licht unter den Scheffel stellen wie Mose,** müssen in ihrer Eigenverantwortung gefördert und für eine Aufgabe begeistert werden.

Leistungsfähigkeit →

1. Mitarbeitende mit Marta-Qualitäten, wie wir sie aus Lukas 10,38ff kennen, sind dienstbeflissen und scheuen keine Arbeit. Sie sind beliebt, weil sie jede Aufgabe übernehmen. In Sitzungen sind sie leicht zu identifizieren, denn sie schreiben in der Regel das Protokoll, und zwar unabhängig von ihrer Hierarchieebene. Hier hat die Führungskraft darauf zu achten, dass sich die Mitarbeitenden mit überwiegenden Marta-Anteilen nicht übernehmen. Und es ist entscheidend,

sie nicht in ihrer Fleißigen-Lieschen-Mentalität auszunutzen, sondern gerade auch in ihrem Können zu fördern und weiterzuqualifizieren.

2. Motivierte und kompetente Mitarbeitende erscheinen als unproblematisch. Aber sie langweilen sich schnell und sind gekränkt, wenn sie mit ihrer Leistungen nicht angemessen gesehen werden. Das war auch das Schicksal von Mirjam, die einerseits als Prophetin galt (2.Mose 15,20), sich andererseits mit ihren Führungsqualitäten nicht ausreichend gesehen fühlte (4.Mose 12,2). Mitarbeitende mit Mirjam-Anteilen sind irgendwann frustriert. Dann wundern sich Vorgesetzte, wenn sie auf einmal eine Kündigung erhalten. Hier gehört es zur gesunden Führung, immer wieder die Motivation sicherzustellen und berufliche Weiterentwicklung samt Karrieresprüngen zu ermöglichen.

3. Mitarbeitende, die ihr Licht unter den Scheffel stellen, müssen wie Mose zur Übernahme von mehr Verantwortung gelockt werden. Mose diskutiert in 2.Mose 3 heftig mit Gott, warum er nicht der richtige Mann für die ihm zugedachte Aufgabe ist. Erst nach langem Konfliktgespräch und nachdem ein Unterstützungssystem installiert wird, ist er bereit, die neue Führungsfunktion zu übernehmen. Mitarbeitende wie Mose gibt es gar nicht so selten. Führungskräfte müssen genau schauen, was die Ursachen für die Zurückhaltung sind. Oft unterschätzen Mitarbeitende ihre Fähigkeiten und müssen durch Lob motiviert werden.

4. Am schwierigsten sind die Problemfälle, die unmotiviert und unfähig erscheinen. Matthäus 25,14-30 berichtet von einem ängstlichen und faulen Knecht, der sein anvertrautes

Pfund nicht nutzt, sondern nur aufbewahrt. Solche Mitarbeitenden gibt es immer wieder. Hier ist es unabdingbar, dass das Problem nicht ausgesessen wird. Denn wenn ein Team mitbekommt, dass man auf Dauer mit mangelhafter Leistung und sehr beschränktem Engagement durchkommt, infiziert diese Arbeitshaltung die ganze Abteilung.[104] Aus falsch verstandener Nächstenliebe werden solche Mitarbeitende in Kirche und Diakonie oft über Jahre mitgeschleppt. Das tut dem Beschäftigten nicht gut, denn er ist vielleicht der Falsche auf der falschen Stelle und könnte andernorts durchaus aufblühen. Und es entsteht der Eindruck, dass sich Leistung nicht lohnt, dass es letztlich gleichgültig ist, ob man gut, tatkräftig und mit Leidenschaft arbeitet oder lustlos eine ruhige Kugel schiebt. Deshalb braucht es um der Wertschätzung der Arbeit der anderen willen klare und mutige Worte, die zur Entwicklung noch verborgener Fähigkeiten führen. Gelingt das nicht, ist eine Trennung zwar schwer, aber unvermeidlich.

Menschen gesund zu führen bedeutet, Defizite durchaus wahrzunehmen, aber die Förderung und Entwicklung von Ressourcen und Fähigkeiten auszubauen. Wer Menschen gaben- und aufgabenorientiert fördert und fordert, braucht Augenmaß und immer wieder den Mut zum Unperfekten.

Dazu passt die bekannte und variantenreich überlieferte Geschichte über die Mauer der 1000 Steine.,

In einem Kloster sollte ein junger Mönch eine Mauer aus 1000 Steinen bauen. Er gab sein Bestes, um eine möglichst perfekte Mauer zu errichten. Jeder Stein sollte sich so gleichmäßig wie möglich in die Mauer einpassen. Als er fertig war, bemerkte der Mönche, dass zwei Steine schief gesetzt waren. Er war so enttäuscht darüber, dass er die Mauer wieder einreißen und neu bauen wollte.

Da kam der Abt und lobte die Mauer. Der Mönch fragte zynisch, ob er denn blind sei und die beiden falsch gesetzten Steine nicht sehen könne. „Doch", sagte sein Abt, „ich sehe die beiden schiefen Steine. Aber ich sehe auch die 998 gut eingesetzten Steine."

In diesem Moment wurde dem Mönch erstmals bewusst, dass er sich fast immer nur auf seine Schwächen konzentriert hatte, anstatt sich wertzuschätzen für das, was er gut konnte.

Daraufhin änderte sich seine Haltung sich selbst gegenüber. Er nahm sich vor, auf das zu schauen, was ihm gut gelungen ist. Misslang ihm etwas, suchte er künftig nach Lösungen, wie er es hätte besser machen können, ohne sich zu verurteilen.

Wertschätzung ist der Königsweg gesunder Führung und dient richtig verstanden und konsequent angewandt der Burnoutprophylaxe. Sie sollte daher konkret, zeitnah, beschreibend und persönlich zur Sprache gebracht werden. Daran merkt ein Mitarbeitender, dass er wirklich gemeint ist.[105]

3.9 Gesunde Führung nutzt Zielvereinbarungen

Ein Kirchenrat wird bei einer Diskussionsrunde nach den Zielen seiner Kirche gefragt. Er fühlt sich ertappt, zuckt etwas verschämt mit den Schultern und bekennt: „Ich weiß, dass die Kirchenleitung da etwas beschlossen hat. Aber ehrlich gesagt, müsste ich das erst mal nachlesen. Vorausgesetzt, ich finde das Papier noch."

Viele kirchliche und diakonische Organisationen beschreiben in ihren internen Papieren, aber auch auf ihren Homepages mit schönen Worten ihre Leitbilder. Fragt man jedoch die Mitarbeitenden, erhält man meist die Antwort: „Unsere Vision? Keine Ahnung!"

90 % der Führungskräfte glauben zwar, ihre Vision kompetent zu kommunizieren, aber nur 30 % der Mitarbeitenden würden dem zustimmen.[106] Leitbilder auf Hochglanzpapier gedruckt verschwinden schnell in den Schubladen oder landen ungelesen im Altpapier. Wenn aber kirchliche und diakonische Mitarbeiter, selbst die in leitender Position, die Mission ihrer Organisation nicht oder nur unvollständig kennen, woran sollen sie dann ihr tägliches Handeln ausrichten?

Ein Leitbild legt verbindlich fest, wohin der Weg gehen soll. Es gibt Orientierung und ist ein strukturierendes Element in der Vielzahl der Möglichkeiten. Konsequent angewandt, leiten sich daraus für jeden Mitarbeitenden die Ziele für seine tägliche Arbeit ab. Zielvereinbarungsgespräche dienen dazu, zu besprechen, wie das eigene Arbeitsfeld gemäß dem Leitbild zu strukturieren ist. So verstandene Zielvereinbarungsgespräche helfen, Burnout vorzubeugen, weil sie als Richtschnur dienen, was zu tun ist, aber auch, was beherzt gelassen werden darf.

In Kirche und Diakonie ist der Umgang mit Zielvereinbarungen noch nicht etabliert. Ein Beispiel:

Ein Superintendent besucht ein Pfarrteam in der Gemeinde. Eigentlich eine gute Sache, weil er damit im engen Kontakt zu seinen Führungskräften vor Ort steht. Das Gespräch pläschert so vor sich hin. Man redet über dies und das. Als die vereinbarte Zeit verstrichen ist, steht er auf, bleibt plötzlich in der Tür stehen und sagt: „Jetzt hätte ich es doch bald vergessen. Ich wollte eigentlich noch fragen, welche Ziele Sie sich als Pfarrteam fürs nächste Jahr vorgenommen haben.“

Das Pfarrteam war mit dieser Intervention so beschäftigt, dass es Thema einer Supervision wurde, weil ihnen bewusst wurde, wie ziellos sie selbst, aber auch ihre Führungskräfte agieren. Die Klärung der eigenen Ziele und die Kenntnis der

Sich die eigenen beruflichen Ziele bewusst machen

- Welche Grundeinstellungen sind für Sie handlungsleitend?
- Welche Ziele interessieren Sie überhaupt nicht?
- Was sind Ihre Erwartungen an sich?
- Was möchten Sie auf jeden Fall erreichen?

organisationalen Vision hilft zu unterscheiden, wo Arbeit sich lohnt und an welchen Punkten das Engagement – gerade in Zeiten des Mitarbeiterschwundes – zurückgefahren werden kann.

Gemäß der Überzeugung, dass gute Führung mit Selbstführung beginnt, sollte jede Führungskraft zunächst mit sich selbst Ziele vereinbaren. Dabei geht es zumeist um das Bewusstwerden der eigenen Ziele.[107]

Wer sich keine Rechenschaft über die eigenen Ziele ablegt, ist je nach Persönlichkeitsstruktur entweder dauernd enttäuscht oder mit allem zufrieden. Nur wer seine Erwartungen benennt, kann am Ende auch überprüfen, ob sie erfüllt wurden. Nur wer im Vorfeld klärt, was er in einer Woche, einem Monat, einem Jahr erreicht haben möchte, kann am Ende auch Erfolge feiern.

Bei der Zielformulierung kann die SMART-Regel eine Hilfestellung sein.[108] Sinnvoll formulierte Ziele sind:

Spezifisch – Was will ich konkret erreichen? Nicht spezifisch ist eine Formulierung wie: „Unsere Sitzungen müssen kürzer werden." Spezifisch formuliert sollte es besser heißen: „Unsere Besprechung dauert eine Stunde."

Messbar – Woran erkenne ich, dass ich mein Ziel erreicht habe? Statt „Ich möchte weniger arbeiten" heißt es dann: „Ich mache diese Woche maximal drei Überstunden." Oder „Ich werde wöchentlich nur zwei Abende für dienstliche Termine reservieren."

Anspruchsvoll – Fühle ich mich durch mein Ziel in guter Weise herausgefordert? Habe ich Lust, mich anzustrengen? Statt „Mich langweilen die vielen Routinetätigkeiten" sagen Menschen: „Das neue Kulturkirchenprojekt macht mir richtig viel Spaß. Da bin ich Feuer und Flamme und fühle mich trotz der vielen Arbeit kaum angestrengt."

Realistisch – Kann ich mein Ziel mit den vorhandenen Mitteln erreichen? Entspricht das Ziel dem, was ich gut kann? Oder muss ich mich über Gebühr anstrengen? Statt „Das kriege ich schon irgendwie hin" müssen klare Vereinbarungen getroffen werden: „Um die Aufgabe zu bewältigen, benötige ich in der Woche ein Zeitbudget von 5 Stunden. Das bedeutet, dass ich mich in den nächsten zwei Monaten aus dem Projekt X zurückziehe."

Terminiert – Bis wann möchte ich mein Ziel erreichen? Statt „Ich möchte meine berufliche Situation in den nächsten Jahren verbessern" sollte ein konkretes Datum ins Auge gefasst werden: „Bis zum 31.12. werde ich mich auf eine neue Stelle beworben haben."

Die SMART-Regel ist durchaus gut biblisch. Denn schon in Lukas 14,28-31 heißt es: „Denn wer ist unter euch, der einen Turm bauen will und setzt sich nicht zuvor hin und überschlägt die Kosten, ob er genug habe, um es auszuführen?"

Idealerweise setzt sich das Leitbild einer Organisation aus der Summe aller Einzelziele zusammen. Alle Mitarbeiter richten ihre tägliche Arbeit an ihren Zielen aus und werden so im Sinne der Gesamtzielsetzung ihrer Organisation tätig. Voraussetzung ist aber, dass jeder Pfarrer, jeder Superintendent, jeder Abteilungsleiter weiß, welche Ziele seine Landeskirche oder das Diakonische Werk in Gänze verfolgt. Es braucht ein Zukunftsbild, eine Vision, an die die Mitarbeitenden einer Organisation tatsächlich glauben.

In Zielvereinbarungsgesprächen kann dann geprüft werden, ob es Synergieeffekte gibt, weil andere ähnliche Ziele verfolgen. Hier erfolgt ein Realitätscheck, es werden Unterstützungsvereinbarungen getroffen und Entlastungsmaßnahmen abgesprochen. Wesentliche Voraussetzung für die Wirksamkeit der Führungsmethode Management by objektives and self-control[109] ist, dass sie eingebettet ist in ein Führungsverständnis, das das Beziehungsmanagement in den Vordergrund stellt und auf den Säulen Kongruenz, Empathie, Wertschätzung und Fehlertoleranz basiert. (vgl. Kapitel 5.7)

Wenn alle ihre Stärken, biblisch ihre verschiedenen Gaben (1.Korintherbrief 12,4) effektiv einsetzen, wächst aus den vielen Gliedern der eine lebendige Leib. Schon Paulus entlastet den Einzelnen: Nicht einer muss alles tun, sondern die vielen Menschen mit ihren vielen Gaben formen den lebendigen Leib (1. Korintherbrief 12,12-31).

III
Wie können Führungskräfte für ihre eigene Gesundheit sorgen?

Selbstsorge für Führungskräfte

1 Resilienz und Führung: Gedeihen trotz widriger Umstände

„Hab acht auf dich selbst!" ist ein guter Ratschlag des Paulus in 1. Timotheusbrief 4,16, eine Aufforderung an kirchliche und diakonische Führungskräfte, nicht nur die Gesundheit der Mitarbeitenden, sondern auch Sorge für das eigene Wohlbefinden zu tragen. Um andere gesund zu führen, ist es unumgänglich, selbst gesund zu bleiben.

Das ist einfacher gesagt als getan. Denn viele Führungskräfte sind sehr engagiert und tragen enorme Verantwortung. Hinzu kommt, dass viele Vorgesetzte sich in ihrer Sandwichposition oft in besonderer Weise gefordert fühlen, weil sie einerseits den Druck von oben erleben, andererseits den Ärger über umzusetzende Maßnahmen von ihren Mitarbeitenden zu spüren bekommen.[110]

Wenn es um die Selbstsorge und die eigene Burnoutprophylaxe geht, scheitern die meisten Führungskräfte aber nicht nur an den Strukturen, Aufgaben und Arbeitsbedingungen, sondern viel häufiger an sich selbst.

Daher beginnt die eigene Burnoutprävention mit der inneren Erlaubnis, auf sich selbst und die eigenen Grenzen zu achten und Kraftquellen auszubauen und zu nutzen.

Die Sorge um sich selbst umfasst zwei Dimensionen. Zunächst braucht es die Bereitschaft, den Blick achtsam auf sich selbst zu richten, aufmerksam gegenüber den eigenen Bedürfnissen zu sein, eben „um sich selbst besorgt" zu sein. Daneben zeigt sich Selbstsorge in konkreten Maßnahmen, die helfen, ein besseres und gesünderes Leben zu führen. Es geht darum, tatsächlich „gut für sich zu sorgen". Jede Führungskraft braucht ein gutes Mischungsverhältnis von Arbeit und Erholung, so dass sich Zeiten der Spannung, Anspannung und Entspannung abwechseln. So kann die eigene Widerstandsfähigkeit, die sogenannten Resilienz, bewahrt und ausgebaut werden.

Die Grundideen des Resilienz-Konzeptes sind gut kombinierbar mit dem Modell der Salutogenese. Beide Modelle verbindet der Perspektivenwechsel von der Defizit- zur Ressourcenorientierung. Beide Ansätze gehen davon aus, dass Krisen nicht die Ausnahme, sondern der Normalfall menschlichen Lebens sind. Sowohl die Salutogenese als auch das Resilienzkonzept betonen nicht die Risiken, sondern die Bedeutung und Förderung der Schutzfaktoren, wenn sie fragen, wie Menschen trotz widriger Umstände gedeihen können?[111]

Das Resilienzkonzept geht auf Emmy Werner und Ruth Smith zurück. Sie veröffentlichten Anfang der siebziger Jahre eine Studie, in der die Entwicklung von 698 Kindern bis ins Erwachsenenalter über einen Zeitraum von 40 Jahren untersucht wurde. Ein Drittel der Probanden lebte unter schwierigen Bedingungen, d. h. sie kamen aus sogenannten Risikofamilien, die geprägt waren durch Armut, Bildungsferne, psychische

Erkrankungen, Gewalt oder Sucht. Wie erwartet entwickelten sich zwei Drittel der Kinder aus schwierigen Familienverhältnissen problematisch. Das Erstaunliche der Langzeitstudie war, dass ein Drittel der Probanden sich trotz extrem schlechter Startvoraussetzungen hervorragend entwickelte. Sie wurden aller Risikofaktoren zum Trotz leistungsfähige, optimistische und selbstsichere Erwachsene.[112] Die Resilienzforschung fragt seitdem:

- Was zeichnet Menschen aus, die trotz widriger Umstände gedeihen?
- Welche Eigenschaften und Bewältigungsstrategien machen Menschen in Krisen widerstandsfähig?
- Welche Ressourcen helfen, ein Leben mit all seinen Facetten zu meistern?

Die Resilienzforschung untersucht, welche Wege Menschen gehen, wenn sie Stress bestehen und daran wachsen.

Kritische Lebensereignisse werden als selbstverständlich vorausgesetzt. Resilienz ist nicht als Krisenfreiheit zu interpretieren, sondern im Gegenteil: Resilienz ist die Fähigkeit, mit schwerwiegenden Problemen, kräftezehrenden Konflikten, persönlichen Niederlagen und existenzgefährdenden Krisen umzugehen. Dass sich die Schwierigkeiten und Herausforderungen eines Lebens nicht wegdiskutieren lassen, lesen wir schon auf den ersten Seiten der Bibel. Die Vertreibung aus dem Paradies beschreibt archetypisch die Urkrise. Mit dem Sündenfall ist das gute, sorgenfreie Leben dahin. Von da an müssen die Menschen ihr Leben selbst in die Hand nehmen, den Widerständen des Lebens trotzen, Mühsal ertragen und ihr Brot im Schweiß ihres Angesichtes essen. (1.Mose 3,14ff)

Resilienz ist nicht Sorglosigkeit und Stressfreiheit, sondern die Fähigkeit, mit widrigen Umständen zu leben und gleichzeitig zu wachsen und zu gedeihen.

Trotz der zwiespältigen und stark vereinfachenden Rezeption des Resilienzbegriffs[113] möchte ich nicht auf ihn verzichten, da das Konzept durchaus wichtige Aspekte für eine effektive Burnout-Prophylaxe bereit hält und so Führungskräfte aller Hierachieebenen dabei unterstützen kann, verständnisvoller, fürsorglicher und kompetenter für sich selbst zu sorgen.[114]

Der Begriff Resilienz bezeichnet in der Physik die Elastizität eines Materials unter Einwirkung von Druck. Resilient sind Stoffe, die sich verbiegen lassen und dann wieder in ihre Ursprungsform zurückspringen. In der Natur ist der Bambus ein anschauliches Beispiel. Bambus ist aufgrund seiner Struktur hochgradig belastbar. In stürmischen Zeiten wiegt und biegt er sich, ohne zu zerbrechen.

Nun gibt es auch Menschen, die, wie der Bambus, auch bei starken Stürmen ihr Leben meistern. Sie scheinen ein stabiles psychisches Immunsystem zu haben, denn sie werden durch die Turbulenzen schwerer Lebenskrisen zwar erschüttert, zerbrechen aber nicht daran.

Menschen, die als resilient gelten, haben ausreichend Widerstandskräfte, so dass auch Schicksalsschläge sie selten komplett aus der Bahn werfen. Sie wirken auf andere wie ein „Fels in der Brandung“ oder haben „Nerven wie Drahtseile“ und erwecken den Eindruck, als hätten sie einen psychischen Schutzschirm, der sie stärkt und krisenfest macht.

Resilienz ist keine Charaktereigenschaft und kein angeborener Schutzfaktor, sondern ein inneres Handlungs- und Orientierungsmuster,[115] das erlernt werden kann – und zwar in jedem Lebensalter. Auch Führungskräfte können Resilienz trainieren wie einen Muskel. Und wie beim körperlichen Muskelaufbau ist auch bei der Resilienz kontinuierliches Training nötig. Wenn wir aufhören zu trainieren, verkümmert auch der Resilienz-Muskel wieder. Aber wer dranbleibt, kräftigt sein psychisches Immunsystem langfristig, und das stärkt gleichermaßen Körper, Geist und Seele.

Unterschieden werden personale und umgebungsbezogene Schutzfaktoren.116 Im Folgenden sollen nicht die externalen, sondern die internalen Ressourcen Beachtung finden, weil es um die Stärkung der Eigenverantwortung geht und die Frage, wie eine Führungskraft gut für sich selbst sorgen kann.

Sieben Resilienzfaktoren verbessern in anstrengenden Zeiten die Widerstandsfähigkeit.

2 Zuversicht: Sei getrost und unverzagt

Optimismus ist eine wichtige Widerstandsressource. Das wird niemanden wundern. Die Frage ist vielmehr: Wie kann man lernen, zuversichtlicher in die Zukunft zu schauen? Wie kann man trainieren, eher mit dem Besten zu rechnen und sich nicht immer den schlimmsten Fall auszumalen?

Biblisch-theologisch wird eine optimistische Grundhaltung eigentlich selbstverständlich angenommen. Nach der Vertreibung aus dem Paradies gibt es die Zuversicht, irgendwann an dem Ort zu sein, an dem Gott „abwischen wird alle Tränen, und der Tod wird nicht mehr sein, noch Leid, noch Geschrei noch Schmerz wird mehr sein." (Offenbarung 21,4) Viele Bibelstellen legen solch eine hoffnungsvolle Lebensperspektive nah: „Siehe, ich habe dir geboten, dass du getrost und freudig seist. Lass dir nicht grauen und entsetze dich nicht" heißt es in Josua 1,9. Und das Neue Testament bekennt: „Getrost und freudig können wir sein, weil wir wissen, dass denen, die Gott lieben, alle Dinge zum Besten dienen" (Römerbrief 8,28). Aber Hand auf's Herz. Entspricht eine optimistische Grundhaltung der

Realität bei kirchlichen und diakonischen Führungskräften? Sind kirchliche Mitarbeitende mit der von ihnen erwarteten großen Portion Gottvertrauen ausgestattet? Gerade Pfarrer scheinen eher Bedenkenträger zu sein und finden schnell das Haar in der Suppe.

Wie schätzen Sie sich selbst ein?

Mit welcher Haltung blicken Sie auf Ihr Leben?

- In welchen Situationen malen Sie eher schwarz?
- Hat Ihnen schon mal jemand gesagt: „Jetzt sei doch nicht so negativ"?
- Wie oft erleben Sie die Welt leicht, schön und bunt?
- Erwarten Sie, dass Ihnen alle Dinge zum Besten dienen?

Unsere optimistische oder pessimistische Grundhaltung hat Auswirkung auf unser Erleben. Ein Beispiel:

Vor einiger Zeit habe ich ein Pfarrerehepaar begleitet, die gekommen waren, weil sie zunächst mit der pubertierenden Tochter und dann auch miteinander in Konflikt geraten waren. Während der Beratung wurde die befristete Pfarrstelle des Ehemannes aus kirchenpolitischen Gründen nicht verlängert. Die Frau sagte: „Das wird schon wieder. Wir machen das Beste draus. Und ich bin sicher, dass mein Mann schon bald wieder eine Stelle haben wird. Er hat viel Erfahrung und ist bestens qualifiziert." Doch der Mann war ganz erschüttert: „Ich gehöre doch zum alten Eisen. Ich finde sicher keine vergleichbare Position."

Obwohl sie im selben Boot sitzen, erleben und bewerten die Ehepartner die Situation völlig unterschiedlich.

Weil die Ehefrau relativ gute Erfahrung mit der Bewältigung lebensgeschichtlich erwartbarer Krisen (pubertierende Tochter) gemacht hat, ist sie sicher, auch mit unvorhersehbaren, überraschenden Ereignissen (Verlust der Pfarrstelle) klarzukommen.

Ihr Ehemann hat dagegen schon einen negativen Blick auf den Konflikt mit der Tochter. Das wirkt sich auch aus auf seine Haltung gegenüber der unerwarteten Krise, die ihn völlig unvorbereitet getroffen hatte.

Dieses Beispiel veranschaulicht: „Was wir denken und erwarten, bestimmt was wir fühlen."[117]

Die Ehefrau stellt sich vor, dass sich alles zum Guten wenden wird, und bringt sich damit in einen besseren Zustand. Auch der Mann nutzt seine Vorstellungskraft. Aber er nimmt den ungesündesten Weg, indem er sich ständig sorgt und sich unerwünschte Dinge und Ereignisse vorstellt, und bringt sich dadurch in eine verzweifelte Gefühlslage.

Eine Methode, um neue Muster der Krisenbewältigung zu entwickeln, ist der bewusste Umgang mit den eigenen inneren Bildern, den uns prägenden Imaginationen.[118] Denn die Dinge, auf die wir unsere Konzentration lenken, dominieren letztlich auch unser Gefühl.

Wer ständig die Katastrophen, Missverständnisse, Beziehungsabbrüche in seinem Leben erinnert, arbeitet unterbewusst mit negativen inneren Bildern und fühlt sich traurig, verzweifelt oder wütend.

Wer dagegen seine Resilienz steigern will, sollte bewusst die eigene Vorstellungskraft mit positiven Bildern trainieren. Das heißt konkret: Wenn Sie merken, dass Sie mal wieder den Teufel an die Wand malen, eher zu pessimistisch auf Ihr Leben schauen, dem Schweren und Traurigen zu viel Raum geben, ist es sinnvoll, Gegenbilder zu kreieren. Denn Imaginationen haben tatsächlich Wirkung. Und die können gezielt genutzt und bewusst eingesetzt werden. Sich gute Bilder vorzustellen, bringt jeden nahezu automatisch in angenehmere Bewusstseinszustände, verbessert die Lebensqualität und fährt das Angst-Stress-System herunter. Wenn Sie sich vorstellen, dass Ihnen eher Gutes widerfährt oder dass die Menschen, das Schicksal oder Gott es gut mit Ihnen meinen, entwickeln Sie automatisch positive Gefühle. Im Textkasten finden Sie dazu eine Übung:

Gute Erfahrungen erinnern
Erinnern Sie sich jetzt an drei Situationen aus Ihrem Arbeitsleben, die sich gut und richtig und rund anfühlten – Situationen, in denen die Welt in Ordnung war, in denen Sie sich als kraftvoll erlebt haben.
Wählen Sie aus den drei Situationen die aus, die Ihnen am allerbesten gefällt.
Und vergegenwärtigen Sie sich diese Situation möglichst genau: Was sehen Sie? Was hören Sie? Was fühlen Sie? Was macht diesen Moment so brillant?
Imaginieren Sie Ihren geglückten und erfüllten Augenblick möglichst intensiv.
Wie fühlt es sich jetzt an, wenn Sie nun an Ihren morgigen Arbeitstag denken?

Für die Burnoutprävention kann es darüber hinaus hilfreich sein, so etwas wie ein Erfolgs- oder Glückstagebuch zu schreiben, in dem steht, was einem auch beruflich an Gutem widerfahren ist. Dazu gehören die großen Ereignisse: eine neue Stelle, eine abgeschlossene Weiterbildung, ein erfolgreiches Projekt. Aber auch die kleinen Glücksmomente im Berufsalltag: der Duft von frisch gebrühtem Kaffee am Morgen, die freundliche Mail des Kollegen, die Büropflanze, die dank Ihrer Pflege wächst und gedeiht, der verbindliche Anruf des Kooperationspartners, das geglückte Tür- und Angel-Gespräch, die Erledigung einer lang aufgeschobenen Routinearbeit, der abgesagte Termin, der Luft für anderes schafft.

Wer die kleinen und großen Glücks- und Erfolgsmomente wie Perlen an einer Kette sammelt und den Schatz guter Erfahrungen sorgfältig aufbewahrt, kann immer wieder in seine ganz persönliche Schatzkiste schauen.

Wer in diesem Sinne optimistisch und wertschätzend durch die Welt geht, wird auch eher akzeptieren können, dass Stress, Ärger und Anstrengung Teil seines Arbeitslebens sind.

Das bedeutet nicht, die Herausforderungen und eigenen Unzulänglichkeiten und die anderer Menschen zu bagatellisieren. Resiliente Menschen nehmen lediglich das Positive in den Blick, ohne die Schwierigkeiten zu ignorieren. Das unterscheidet sie von Träumern, die sich ihre eigene geschönte Welt erschaffen. Ein Beispiel:

Ein Pfarrer kommt in die Beratung, weil er eine neue berufliche Perspektive entwickeln möchte. Er hat seine Stelle verlassen müssen, weil das Verhältnis zum Pfarrteam und zu den Mitarbeitenden zerrüttet war. Wirklichkeitsfern erwartete er, dass man ihm landeskirchlicherseits eine auf ihn maßgeschneiderte Stelle anbieten wird. Tief enttäuscht musste er realisieren, dass der Personalreferent die Versetzung in den Wartestand mit Beschäftigungsauftrag vorschlägt.

Resiliente Menschen haben eine positive Grundeinstellung und machen sich ein klares Bild von ihrer Lebenssituation. Dabei konzentrieren sie sich auf die Möglichkeiten und Chancen und wissen, dass eine positive Wendung zwar möglich ist, aber nicht automatisch erfolgt. Der eigene Erwartungshorizont entscheidet darüber, wie Menschen Barrieren auf dem Weg zum Ziel überwinden. Eine hohe Frustrationstoleranz und die Fähigkeit zur Selbstdisziplin sind dabei genauso förderlich wie das Vertrauen, dass das Leben noch Besseres bereithält.

Doch diese optimistische Grundhaltung ist nur wenigen Menschen in die Wiege gelegt. Die meisten müssen sie sich hart erarbeiten.

Eine hilfreiche Übung ist, sich immer mal wieder zu vergewissern, welche Krisen man in seinem eigenen Leben bereits überwunden und gemeistert hat. Blicken Sie in regelmäßigen Abständen zurück und nutzen Sie so den „Ressourcentransfer“ aus vergangenen Situationen, die Sie erfolgreich bewältigt haben, auf gegenwärtige Herausforderungen.

Ressourcentransfer

- Wann haben Sie eine Krise, einen Rückschlag, ein kritisches Lebensereignis schon einmal erfolgreich bewältigt?
- Wie haben Sie das geschafft?
- Wer oder was hat Ihnen geholfen?
- Welche Ressource, Kompetenz oder Kraftquelle haben Sie genutzt?
- Was können Sie aus der Bewältigung vergangener Krisen für Ihre aktuelle Situation oder für eine zukünftige Herausforderung lernen?

Resiliente Menschen nutzen also Vorerfahrungen, erinnern Bewährtes und wenden Erlerntes auf neue Problemstellungen an. Dieser Ressourcentransfer macht das Leben nicht nur angenehmer, sondern fördert signifikant sowohl die körperliche als auch die psychische Gesundheit. Zuversichtliche Menschen sind deshalb stressresistenter und klagen seltener über Burnout. Aufgrund ihrer positiven Weltsicht haben sie auch ein stärkeres soziales Netzwerk.

Wer bei sich selbst wahrnimmt, dass er kein geborener Optimist ist, kann eine zuversichtliche Haltung üben. Dabei verstehe ich Haltung sowohl im wortwörtlichen als auch im übertragenen Sinn.

Das, was wir fühlen, schlägt sich auch in unserer Körperhaltung nieder. Umgekehrt hat unsere Körperhaltung auch Einfluss auf unser Gefühl. Das können wir uns zunutze machen und bewusst einsetzen.

Wer an ein Problem, eine belastende Situation oder eine bedrückende Aufgabe denkt, senkt die Augen, beugt die Schul-

Die äußere und die innere Haltung verändern
Wenn Sie sich im übertragenen wie im wortwörtlichen Sinn starr, unbeweglich, verspannt, festgefahren und wie blockiert fühlen, können Sie als erste Maßnahme Ihre Körperhaltung so verändern, „als ob" das Problem bereits gelöst sei: Kopf hoch, Brust raus, in Bewegung kommen, Siegerpose einnehmen, stolz den Raum durchschreiten, Arme vor Freude hochreißen, hüpfen, springen, tanzen. Der Fantasie sind keine Grenzen gesetzt. Gehen Sie bewusst und spielerisch mit Ihrer Körperhaltung um. Verändern Sie sie und versuchen Sie sich so in andere, bessere Gefühlszustände zu bringen.

tern, lässt den Kopf hängen, sinkt in sich zusammen. Darum sagen wir manchmal intuitiv „Kopf hoch. Das wird schon wieder!", wenn wir Menschen aufmuntern wollen. Und in der Tat, wer eine andere Körperhaltung einnimmt, den Kopf hebt, die Schultern strafft, den Blick öffnet, tief durchatmet, verändert auch sein Gefühl. Die veränderte äußere Haltung beeinflusst automatisch auch das Erleben, die innere Haltung. Eine aufrechte Position mobilisiert Energie und Kraft.

Optimismus zeigt sich in einer veränderten inneren und äußeren Haltung und ist ein wichtiger präventiver Faktor in der Burnout-Prophylaxe.

3 Akzeptanz: Alles hat seine Zeit

Menschen mit guter Resilienz zeichnen sich auch dadurch aus, dass sie nicht mit dem Kopf durch die Wand wollen. Wenn ein Ziel nicht mit einem akzeptablen Aufwand zu erreichen ist, wenden sie sich schneller neuen und realistischen Zielen zu, weil sie zeitnah erkennen: „Manchmal ist es einfach so, wie es ist.“ „Alles hat seine Zeit.“ (Prediger 3,1ff) Immer wieder müssen wir annehmen, was wir nicht beeinflussen können. Auch Führungskräfte müssen tagtäglich entscheiden, wann Kampf und Auseinandersetzung sich lohnen und wann es schlichtweg darum geht, die Situation so, wie sie ist, zu akzeptieren.

Sich an Dingen abzuarbeiten, die man nicht ändern kann, kostet viel unnötige Energie. Aber in der Beratung erlebe ich es immer wieder, dass es auch Führungskräften schwerfällt, Unabänderliches hinzunehmen. Sie rackern an Fronten, die bereits verloren sind, setzen Energie in Machtkämpfe, die sie aller Voraussicht nach nicht gewinnen werden, halten an Zielen fest, die mit einem vertretbaren Einsatz nicht mehr erreichbar sind. Dazu einige Beispiele:

- *Ein Krankenhausseelsorger will grundsätzlich von der Rufbereitschaft entbunden werden, wohl wissend, dass der Kirchenkreis anderes beschlossen hat.*
- *Ein Abteilungsleiter der EKD will partout keine Dienstreisen mehr machen, obwohl das zu seinem Aufgabenportfolio gehört.*
- *Eine Kindertagesstättenleitung will gegen das Presbyterium verhindern, dass zwei gemeindeeigene Kindergärten zusammengelegt werden.*
- *Ein Pfarrer kämpft um die Unabhängigkeit seiner Einzelpfarrstelle und torpediert damit den Beschluss der Synode, die ein Konzept der Regionalisierung verabschiedet hat.*

Menschen, die resilient mit Belastungen umgehen, nehmen Enttäuschungen und Widrigkeiten als Teil des (Berufs-)Lebens hin. Sie akzeptieren, dass es wenig Sinn macht, gegen Windmühlen anzukämpfen. Nicht nur im Roulette, auch im Leben gib es ein „Rien ne va plus“. Gegen Unwiderrufliches sollte man nicht ankämpfen, sondern einfach das Beste daraus machen.

Wie gehen Sie mit Konflikten um?

- An welchen Punkten lohnt die Rebellion?
- Inwiefern hat die Auseinandersetzung Aussicht auf Erfolg?
- Wie viel Kraft setzen Sie für das Erreichen eines Ziels ein?
- Liegt das, was Sie verändern möchten, wirklich in Ihrem Einflussbereich?

So bleibt genug Energie für die vorhandenen Gestaltungsspielräume.

Es ist sehr viel effektiver, in Sowohl-als-auch-Kategorien zu denken, anstatt eine Entweder-oder-Haltung einzunehmen. Eine akzeptierende Sowohl-als-auch-Haltung erleichtert den Umgang mit beruflichen Frustrationen und ist daher eine wirksame Präventionsmaßnahme gegen Burnout.

Damit ist nicht gemeint, dass Führungskräfte und Mitarbeitende sich fatalistisch in ihr Schicksal fügen sollen. Es geht um eine genaue und ehrliche Prüfung.

Wer sich mit Unveränderlichem abfindet, hat mehr Zeit und Energie für erreichbare Ziele. Oft steht es nicht in unserer Macht, das Verhalten anderer oder bestimmter Umstände zu korrigieren. Verändern können wir, wenn die Dinge unserem Einfluss entzogen sind, oft nur unsere Einstellung dazu. Das birgt auch Chancen. Ein Beispiel:

Ein Teamleiter führt eine Gruppe mit sechs Mitarbeitenden. Alle sind verbeamtet. Alle sind im fortgeschrittenen Alter. Einige sind gesundheitlich belastet. Der Teamleiter lernt in einem schmerzhaften Prozess zu akzeptieren, dass er sich zwar ein junges, dynamisches, innovatives und leistungsbereites Team wünschen kann, dass er aber in den nächsten Jahren mit dem vorhandenen Mitarbeiterpool planen und arbeiten muss. Es nutzt wenig, sich immer wieder über dieselben Dinge aufzuregen.

Akzeptanz ist ein Prozess innerer Arbeit und beginnt manchmal im Kleinen. Im Fall des Teamleiters hieß das, „nicht gleich die Krise zu kriegen“, wenn eine Besprechung etwas später beginnt, wenn ein Mitarbeiter sich krank meldet oder beim Brainstorming weniger Ideen generiert werden als erhofft.

Solche Alltagssituationen bieten ein schier unerschöpfliches Übungsfeld für die Verbesserung der Akzeptanzfähigkeit. Die Dinge, über die wir uns beruflich oder auch privat immer wieder aufregen, ohne sie ändern zu können, trainieren unsere Fähigkeit, Dinge anzunehmen, wie sie sind.

Wer sich selbst und andere gesund führen möchte, muss sich immer wieder Rechenschaft darüber ablegen, welche Dinge seinem Einflussbereich entzogen sind und an welchen Stellschrauben gedreht werden kann. Manchmal gibt es dann mehr Bewegung und Entwicklung als zunächst angenommen. Im oben angeführten Beispiel hieß das konkret:

Der Teamleiter lernte die Altersstruktur samt der Krankheitsanfälligkeit zu akzeptieren. Gleichzeitig bot er zwei Mitarbeitenden statt der Altersteilzeit eine umfassende Weiterbildungsmaßnahme an. So entstand bei den älteren Arbeitnehmern das Gefühl, doch noch gebraucht zu werden. Das brachte einen Energieschub fürs gesamte Team.

Akzeptanz bedeutet nicht, dass man alles in seinem Leben und Arbeiten gut findet. Akzeptanz bedeutet, zu erkennen, dass es wehtut und ein hoffnungsloses Unterfangen ist, wenn man mit dem Kopf durch die Wand will.

Das Gefühl, sein eigenes Leben und Arbeiten beeinflussen zu können, ist ein wichtiger protektiver Faktor. Den Ereignissen nicht einfach ausgeliefert zu sein, sondern selbst agieren zu können, bewahrt vor chronischer Erschöpfung. Die Erwartung, dass man durch seine eigenen Fähigkeiten ein gewünschtes Ergebnis erreichen kann, wird in der Psychologie als „Selbstwirksamkeitserwartung" bezeichnet. Der Resilienzfaktor Selbstwirksamkeit entspricht der zweiten Komponente des Kohärenzgefühls, dem Gefühl der Handhabbarkeit und Beeinflussbarkeit (vgl. Kapitel 2.4). Auch hier zeigt sich, dass das Modell der Salutogenese und das Resilienzkonzept Hand in Hand gehen.

Resiliente Menschen führen die Bedingungen ihres Lebens und Arbeitens auf die eigenen Handlungen zurück und weniger auf Zufall, Schicksal oder Fügung. Sie sind überzeugt, dass sie Situationen verändern und steuern können. Resiliente Menschen haben eine hohe Selbstwirksamkeitserwartung. Sie vertrauen auf ihre Kraft zur Veränderung und zeigen bei Rückschlägen mehr Ausdauer und Durchhaltevermögen. Ein Beispiel:

Ich erinnere mich an einen leitenden Mitarbeiter, dem übel mitgespielt wurde. Er fühlte sich ungerecht behandelt, sprach von Mobbing und wurde aus seiner Traumstelle recht unsanft herauskomplimentiert und mit einem Aufgabengebiet betraut, das ihm nicht wirklich lag. Jahre später schilderte er eindrücklich: „Das war furchtbar. Aber ich glaube, ich konnte es einigermaßen verarbeiten und wieder Fuß fassen, weil ich mich noch gewehrt habe. Ich habe gekämpft, vor dem Arbeitsgericht schließlich ja auch Recht bekommen und bin rehabilitiert. Ich bin so froh, dass ich mich nicht ohnmächtig fühlte. Und irgendwann konnte ich dann nicht nur sehen, wo die anderen Fehler gemacht haben. Es war ein wichtiger Lernprozess zu erkennen, wo meine Anteile lagen.“

Prägend für das Leben ist, ob jemand in einer als Krise empfundenen Situation noch handlungsfähig ist oder sich hilflos ausgeliefert fühlt. Ohnmacht, nichts mehr tun zu können, wird als besonders schlimm erfahren.

Resilienz wird gestärkt durch ein vielfältiges Handlungsrepertoire für die verschiedensten beruflichen Situationen, Anforderungen und Belastungen. Wer immer nur gleich oder ähnlich auf unterschiedliche Situation reagiert, wird sich nicht als besonders wirksam erleben. Wer dagegen mehrere Reaktionsmöglichkeiten zur Verfügung hat, ist in Stresssituationen besser gewappnet.

Weniger resiliente Menschen neigen dazu, in den Autopilotmodus zu verfallen und das zu tun, was sie schon immer getan haben – selbst wenn so eine konstruktive Lösung verhindert wird.

Distanzierungstechniken können Menschen helfen, die immer wieder sehr in der Situation (assoziiert) verhaftet sind, die Situation von außen (dissoziiert) zu betrachten. Sie leiten dazu an, eine externe Perspektive einzunehmen. Exemplarisch

Eine externe Perspektive einnehmen

Stellen Sie sich vor, Sie sitzen in der letzten Reihe eines großen Kinosaals, Popcorn und Getränk in der Hand und schauen sich Ihre gegenwärtige berufliche Situation in großem Abstand von der Leinwand an. Jetzt verändern Sie gezielt Ihre Sinneseindrücke. Aus dem Farbfilm wird ein Schwarzweißfilm, Sie schalten den Ton an und aus, stellen den Film scharf oder verwenden den Weichzeichner, sehen ihn drei- oder zweidimensional. Sie vergrößern und verkleinern die Leinwand, stoppen den Film, lassen ihn beliebig vor- und zurücklaufen.

für die Vielzahl von Distanzierungstechniken steht die Übrung im Textkasten.

Distanzierungstechniken ermöglichen einen spielerischen Umgang mit der eigenen Befangenheit, so dass das Gefühl des Ausgeliefertseins sich vermindert. Durch den Perspektivenwechsel kehren Handlungsspielräume zurück, und man spürt wieder, welchen Anteil man selbst am Geschehen hat. Manchmal wird so auch deutlich, dass die eigenen Fähigkeiten zur Lösung allein nicht ausreichen.

Dann braucht es „legitimierte Andere"[119], die dabei helfen, Schwierigkeiten zu überwinden. Legitimierte Andere sind Menschen, denen wir vertrauensvoll begegnen, auf die wir uns verlassen und denen wir das Recht einräumen, für uns zu sprechen und Dinge für uns zu regeln. Je mehr Personen es gibt, denen wir in dieser Weise vertrauen, desto eher haben wir den Eindruck, etwas bewirken zu können und die Arbeitsbelastungen zu bewältigen.

Wie viel Unterstützung erfahren Sie durch legitimierte Andere?

- Wer ist in Ihrem Leben bereits ein legitimierter Anderer?
- In welchem Aufgabenbereich brauchen Sie mehr Unterstützung?
- Welche Verantwortungsbereiche möchten Sie stärker delegieren?
- Wer gibt ihnen emotionale Unterstützung?
- Wer entlastet Sie beruflich und privat bei konkreten Aufgaben (Assistenz, Haushaltshilfe, Babysitter)?

Nicht immer geht es darum, dieses Netz tatsächlich zu nutzen. In der Regel hilft schon das Gefühl, jederzeit darauf zurückgreifen zu können. Legitimierte Andere sind dann wie sichere Häfen, die wir ansteuern können, aber nicht müssen.

Um das Gefühl der Selbstwirksamkeit langfristig zu erhalten und auszubauen, hat es sich bewährt, regelmäßig berufsbezogene Beratung in Anspruch zu nehmen. Ein Beispiel für ressourcenorientierte Supervision:

Eine Gemeindepfarrerin kommt monatlich zur Supervision, um sich, wie sie sagt, „zu sortieren". Sie beginnt mit folgenden Worten: „Eigentlich hatte ich gar kein Thema. Aber auf der Autofahrt ist mir dann ein Konflikt im Team meiner Mitarbeitenden in den Sinn gekommen. Eigentlich hat der gar nichts mit mir zu tun, und ich fühle mich auch nicht verantwortlich. Aber vielleicht ist es sinnvoll, den Streit mal anzuschauen und zu verstehen."

Ich bitte sie, mit Hilfe von Baukötzen das Team aufzustellen und auch einen Platzhalter für sich selbst zu wählen. Die Aufstellung ermöglicht Distanz und gleichzeitig eine Wahrnehmung mit veränderter Perspektive. So sieht die Gemeindepfarrerin sehr schnell, dass alle Augen auf sie gerichtet sind und im Fall der Urlaubsplanung eine klärende Entscheidung von ihr erwarten. Während sie ursprünglich meinte, sich völlig aus dem Konflikt heraushalten zu können, wird ihr klar, welche Rolle sie in dem Streit spielt. Da sie nur in den Kategorien „laufen lassen" oder „hart durchgreifen" gedacht hat, entwickelt sie eine Strategie, wie sie den Konflikt moderieren und einen Kompromiss finden kann.

Wenn wir aus einer Situation heraustreten, erkennen wir oft sehr schnell, welche Möglichkeiten der Einflussnahme bisher übersehen wurden. Deshalb ist es sinnvoll, zeitnah und niederschwellig Beratung in Anspruch zu nehmen, also zu einem Zeitpunkt, an dem wie im beschriebenen Fall der Konflikt zwar schon spürbar, aber eben noch nicht eskaliert ist. Je länger Streitpunkte sich verhärten, desto mehr Kraft und Zeit erfordert die Konfliktbearbeitung.

Wer sich und andere gesund führen möchte, kann seine Resilienz dadurch stärken, dass er Beratung in Anspruch nimmt.

Das verbessert die Selbstwirksamkeit und beugt so Erschöpfung vor, weil der Blick geweitet wird und die eigenen Kräfte wieder spürbar werden.

5 Eigenverantwortung: Im eigenen Leben Regie führen

Viele Führungskräfte klagen über die steigende Arbeitsflut und fehlende Maßnahmen zur Entschleunigung und Begrenzung. Der Wunsch nach Veränderung ist unüberhörbar. Die Not ist groß. Aber man fragt sich, wer soll die Arbeitsbedingungen modifizieren, wenn nicht die Führungskräfte selbst.

Ich erinnere mich an den Leiter einer großen kirchlichen Verwaltung.

„Mein Akku ist leer. Früher reichte ein Wochenende zum Aufladen. Aber das funktioniert schon lange nicht mehr." Er berichtete dann davon, wie sehr ihm der Dekanatssynodalvorstand zu schaffen macht. Vom Dekan fühlte er sich bei schwierigen Entscheidungen allein gelassen. „Ich drehe mich nur noch im Kreis", beklagte er. „Aber ich finde keinen Ausweg." Und dann sagte er: „Irgendwie habe ich immer darauf gehofft, dass die Zeiten besser werden. Noch dieses eine Projekt. Und dann geht's wieder bergauf."

Er ist verzweifelt, denn er merkt, dass es nicht nur die Strukturen, Aufgaben und Arbeitsbedingungen sind, die ihn an den Rand des Burnouts gebracht haben. Er erkennt, dass das Lamentieren über die Belastungen nur wenig nützt. Ändern muss er sich, wenn er gesund bleiben und nicht ins Burnout abgleiten will.

Man kann sich berechtigterweise auf den Standpunkt stellen, dass der Arbeitsgeber für gesündere Arbeitsbedingungen zu sorgen hätte. Aber in Kirche und Diakonie mahlen die Mühlen sehr langsam. Bis es zu den notwendigen Anpassungen der

Arbeitsbedingungen gekommen sein wird, kann es für den Einzelnen zu spät sein, und er ist bereits in die Burnoutfalle geraten. Wer nur darauf wartet, dass sich Strukturen verändern, geht am Ende vielleicht leer aus. Wer das Hamsterrad verlassen will, darf nicht nur darauf hoffen, dass es von außen langsamer gedreht oder gar angehalten wird. Er muss das Tempo auch eigenhändig verringern oder, wenn notwendig, abspringen.

Das bedeutet, die Opferrolle zu verlassen und zum Regisseur des eigenen Lebens zu werden. Es ist verlockend, die Schuld für das eigene Desaster den anderen in die Schuhe zu schieben. Und jeder kennt Sätze wie:

- *„Die Belastung ist zu groß." statt: „Ich habe nicht gut genug auf mich und mein Zeitmanagement geachtet."*
- *„Es war zu viel Verkehr. Deshalb bin ich zu spät." statt: „Ich habe schlecht geplant."*
- *„Du hast schon wieder Streit angefangen." statt: „Ich hatte einen anstrengenden Tag und bin deshalb empfindlich."*
- *„Mein Chef überfordert mich" statt:„Ich habe ihm noch nie gesagt, dass es mir zu viel ist."*
- *„Meine Mitarbeiter kooperieren nicht ordentlich miteinander." statt: „Wenn sie etwas von mir wollen, gebe ich nur knappe Anweisungen und habe eigentlich nie Zeit für sie."*
- *„Mein Urlaub wurde nicht genehmigt" statt: „Ich habe mich viel zu spät darum gekümmert, wann ich Ferien machen möchte."*

Die Eigenverantwortung stärken

- An welchen Punkten sind Sie unzufrieden und geben anderen die Schuld, anstatt selbstverantwortlich zu handeln?
- In welchen Bereichen geben Sie anderen Menschen Macht über Ihr Leben?
- Wo müssen Sie in Ihrem Leben wieder die Regie übernehmen?

Manchmal ist es leichter, die anderen verantwortlich zu machen. Manchmal suhlen sich Menschen gerne in der Opferrolle. Dann sind die Ehepartner, die Eltern, der Chef, der Nachbar, die Mitarbeitenden, die Kollegen schuld an der Misere.

Besonders in Teamcoachings erlebe ich, dass Kollegen nur noch damit beschäftigt sind, dem anderen nachzuweisen, was er oder sie alles falsch gemacht hat. Das wirkt sich zutiefst destruktiv auf die Arbeitsbeziehungen aus. Auf Dauer ist es gesünder und vor allem beziehungsförderlicher, eigenverantwortlich mit den Geschehnissen umzugehen.

Das gelingt leichter, wenn jemand die Fähigkeit hat, auch Gutes im Schlechten zu sehen, und so wieder Verantwortung für die eigenen Leistungsgrenzen übernimmt. Das zeigt der folgende Fall:

Eine Pfarrerin erzählt: „Mit meiner Herzmuskelentzündung kann ich von einer langen und anstrengenden Krankengeschichte berichten und hätte viel Grund zur Klage. Aber es klingt paradox: Wäre ich nicht so schwer erkrankt, wäre erstens meine Ehe in die Brüche gegangen. Die Krankheit hat meinen Mann und mich wieder zusammengebracht. Und zweitens hätte ich noch weiter Raubbau an meinem Körper getrieben. Durch die chronische Erkrankung habe ich gelernt, besser auf meine Leistungsgrenzen zu achten."

Das Gute im Schlechten zu erkennen fördert die Resilienz, weil es ermöglicht, die Opferrolle zu verlassen und Selbstverantwortung zu übernehmen.[120]

Die Übung im nächsten Textkasten ist mentale Gymnastik und trainiert das Gehirn wie Bewegung die Muskeln.

Seitdem ich selbst regelmäßig nach dem Guten im Schlechten fahnde, erlebe ich deutlich mehr Lebensqualität, ärgere ich mich weniger und habe mehr Kraft für die wichtigen Herausforderungen im Leben.

Stehe ich morgens im Stau, denke ich: „Wunderbar, dann hast du jetzt noch Zeit, dich mental auf den Tag vorzubereiten und in Ruhe zu überlegen, welche Dinge zuerst erledigt werden sollen. Wenn sich jemand an der Kasse vordrängelt, ärgere ich mich nicht mehr, sondern habe schon mal ein gutes Werk für einen gestressten Mitmenschen geleistet. Wenn ein Termin platzt, erlebe ich das als geschenkte Zeit. Wenn mein Lieblingsbrot ausverkauft ist, als Chance, etwas Neues auszuprobieren. Laute Kinder sind für mich lebendig, anstrengende Mitmenschen ermöglichen mir, mich in Geduld zu üben. Aggressive Autofahrer lehren mich, meine Deeskalationsstrategien zu verbessern. Warteschlangen entschleunigen mein Leben.“

Das Gute im Schlechten

- Üben Sie im Alltag, in allem, was Ihnen zunächst schwierig und problematisch erscheint, auch zu erkennen, was trotz alledem gut daran sein könnte.
- Machen Sie es zu einer Art Denksport, immer, wenn sie sich ärgern, auch etwas Positives zu entdecken.
- Entwickeln Sie den Ehrgeiz, in einer misslichen Lage oder einem problematischen Verhalten eines Mitmenschen mindestens einen Vorteil zu finden.

Eigenverantwortung ermöglicht mir, Probleme in Herausforderungen zu verwandeln und Chancen zu sehen, wo andere Krisen vermuten. Das macht mich gelassener und resistenter.

Wer sich für die Opferrolle entscheidet, gibt anderen viel Macht über sich und sein Leben.

Wer sich dagegen vornimmt, sich und seine Stimmung nicht mehr von anderen Menschen abhängig zu machen, gewinnt neue Freiheiten und übernimmt Verantwortung für sich.

Das bedeutet:

- Nicht darauf zu warten, dass andere für einen sorgen, sondern Veränderungen selbst zu initiieren.
- Nicht auszuharren, bis andere einen wertschätzen, sondern sich selbst wertschätzend zu begegnen.
- Nicht darauf zu hoffen, dass jemand anderes Fähigkeiten entdeckt, sondern sich mit seinen Kompetenzen zeigen.
- Nicht darauf zu vertrauen, dass jemand anderes sagt: „Du brauchst eine Pause.", sondern selbst zu spüren, wann es genug ist.

Gerade beim Thema Burnoutprävention hindern oft tief eingebrannte, unbewusst wirkende Glaubenssätze die Selbstsorge: „Wer rastet, der rostet." „Schwächeln ist was für Feiglinge." „Stell dich nicht so an." „Was du heute kannst besorgen, das verschiebe nicht auf morgen." „Morgen, morgen, nur nicht heute, sagen all die faulen Leute."

Wenn Sie als Führungskraft nicht gut für sich selbst sorgen, wird es niemand anderes tun. Stärken Sie Ihre Ressourcen, suchen Sie Ihre Kraftquellen, füllen sie Ihre Energiereserven auf.

Ressourcenwaage

Nehmen Sie sich einen großen Papierbogen und malen Sie eine Waage mit zwei Waagschalen darauf. Die eine Waagschale wird mit den Belastungen gefüllt. Jede Herausforderung wird mit einer Gewichtsangabe quantifiziert. Wie schwer wiegt jede einzelne Anforderung oder eine Aufgabe? Die zweite Waagschale ist für die Ressourcen vorbehalten. Auch jede Ressource wird mit einer konkreten Kiloangabe gewichtet. Ist die Waage im Ungleichgewicht oder in Balance? Was brauchen Sie an Ressourcen und Kraftquellen, um eine ausgeglichene Bilanz zu haben? Müssen Sie eine Last abwerfen, oder können Sie Ressourcen hinzufügen?

Eine erprobte Übung, die die Selbstverantwortung in puncto Burnoutprävention stärkt, ist die sogenannte Ressourcenwaage.[121]

Ressourcen und Belastungen müssen in gute Balance gebracht werden, in angemessener Zeit bewältigbar sein und so gewählt werden, dass sie sozial kompatibel sind.

6 Netzwerkorientierung: Die Rendite des Beziehungskontos kalkulieren

Gerade Führungskräfte müssen immer wieder daran erinnert werden, wie wichtig die Pflege nicht nur der beruflichen, sondern vor allem der privaten Beziehungen ist.

Die Chefposition macht einsam. Führungskräfte sind nicht die Freunde ihrer Mitarbeitenden. Selbst wenn man sich gut versteht, bleibt der Chef der Vorgesetzte, so dass ein offener Austausch nicht möglich ist. Auf der gleichen Hierarchieebene wären private Kontakte zwar grundsätzlich möglich. Aber hier wird die Luft dünner, und vor allem stehen Führungskräfte oft in einem konkurrenten Verhältnis zueinander.

Gleichzeitig ist die Arbeit als Führungskraft vielmals so zeitintensiv und anstrengend, dass kaum noch Kapazitäten für das Privatleben zu bleiben scheinen. Und weil jeder Mensch nur beschränkte Aufnahmemöglichkeiten hat und auch die individuelle Beziehungsfähigkeit begrenzt ist, haben viele Führungskräfte das Gefühl, am Ende eines langen Arbeitstages mit vielen Kontakten und Begegnungen keine Kraft für Bekannte, Verwandte und Freunde zu haben. Und dann wird das Schlittschuhlaufen mit den Kindern wegen eines beruflichen

Termins verschoben, der Freund auf einen anderen Abend vertröstet, der geplante Paarabend vom Restaurant aufs heimische Sofa verlegt. Im Einzelfall alles nicht weiter tragisch, aber auf Dauer führt es zur Entfremdung und zur Auflösung des sozialen Netzwerkes.

Wenn es um Burnoutprophylaxe geht, sind intakte Familien, tragfähige Freundschaften und liebevolle Bekanntenkreise von unschätzbarem Wert. Fehlende private Beziehungen können keinesfalls durch berufliche Kontakte kompensiert werden. Berufliche Netzwerke sind zwar wichtig für die Karriere. Aber sie geben keine und bestenfalls wenig emotionale Unterstützung. Und auf die ist jeder angewiesen, der langfristig Gesundheit bewahren will. „Es ist nicht gut, dass der Mensch allein sei" (1. Mose 2,18), heißt es schon auf den ersten Seiten der Bibel. Darin drückt sich tiefe Weisheit und Lebenserfahrung aus.

Wenn die Säule des sozialen Netzwerkes sicher und stabil ist, haben Menschen gute Chancen, ihre psychische Gesundheit zu bewahren – selbst dann, wenn die anderen Säulen der Identität (Leiblichkeit, Arbeit und Leistung, materielle Sicherheit, Werte und Sinnerleben) brüchig werden (vgl. Kapitel 3.5). Es lohnt sich also, kräftig auf das Beziehungskonto einzuzahlen, denn die Rendite ist hoch.

Eine stabile Einbindung in ein soziales Netzwerk und tragfähige Freundschaften fallen aber nicht vom Himmel. Wer Unterstützung erwartet, muss auch Hilfe anbieten. Wer geliebt werden möchte, muss auch Liebe zurückgeben. Wer beachtet werden möchte, muss auch an andere denken. Wer eingeladen werden will, muss auch selbst einladen. Wer sich über die eigenen Themen austauschen möchte, muss auch Interesse an anderen zeigen. Die Gestaltung von Beziehungen gelingt nicht von allein, sondern braucht Zeit, Aufmerksamkeit, Interesse, Empathie und emotionale Unterstützungsangebote.

Liebe und echte Zuneigung stärken die psychische und physische Widerstandskraft. Sie helfen auch in schwierigen Situationen, Bewältigungsstrategien zu mobilisieren. Ich erinnere mich an einen besonders dramatischen Fall.

Ein Abteilungsleiter bekennt: Ich war mit meiner Arbeit und meinem Leben so überfordert, dass ich nicht mehr konnte. Mein Lebensmut lag am Boden. Aber ich wusste, dass meine Frau und meine Kinder mir einen Suizid nicht verziehen hätten. Sie haben mir immer gezeigt, dass sie mich lieben und dass sie mich brauchen. Das hat mir das Leben gerettet, und ich habe mich in Behandlung begeben.

Der Beziehungsstoßdämpfer federt den Stress ab, entschärft die Krise, puffert das schwere Schicksal, mildert die Belastung, gleicht den Frust aus oder fängt den Ärger ab. Führungskräfte sollten von Zeit zu Zeit eine ehrliche Bestandsaufnahme machen.

Wie tragfähig ist Ihr privates Netzwerk?

- Welche Kontakte sind Ihnen lieb und teuer?
- Mit wem würden Sie gern mehr Zeit verbringen?
- Wem sind Sie ein guter Freund?
- Wer versteht Sie?
- Entspricht die Größe und Zusammensetzung Ihres Bekannten-/Freundes-/Familienkreises Ihren Beziehungsbedürfnissen?
- Sollten Sie mehr auf Ihr Beziehungskonto einzahlen?

Zur Burnoutprävention für Führungskräfte gehört es, sich Zeit für Privates und für persönliche Beziehungspflege zu nehmen. In meiner Arbeit als Klinikpfarrerin begleite ich viele Menschen mit sehr beschränkter Lebensdauer. Am Ende eines Lebens sagt niemand: „Ach, hätte ich mich noch mehr in meine Arbeit reingehängt und diesen oder jenen Karrieresprung noch gemacht." Wenn es darum geht, die Lebensbilanz zu machen, höre ich immer wieder: „Ach, hätte ich mir doch mehr Zeit für mich und die Menschen, die mir wichtig sind, genommen."

Deshalb: Bringen Sie Ihr privates Netzwerk ins Lot und pflegen Sie Ihre Beziehungen.

Zum Thema Netzwerk gehört auch das Thema Spiritualität. Das mag verwundern.

Systemisch gedacht findet durch die spirituelle Dimension eine Erweiterung des Hilfssystems statt. Gott wird sozusagen Teil der individuellen, menschlichen Systeme. Das eigene Erleben wird in einen größeren Zusammenhang gestellt. Der Mensch erlebt sich als Teil eines größeren Ganzen und erfährt Geborgenheit und hofft auf Bewältigbarkeit. Spiritualität bedeutet, mit Gott, mit einer höheren Macht, mit einer transzendenten Wirklichkeit im Kontakt und vielleicht sogar im Gespräch zu sein. Damit kommt es zu einer Erweiterung des Netzwerkes, weil es einen Ansprechpartner außerhalb unserer materiellen Wirklichkeit gibt. Das hilft vielen Menschen in der Krise, macht sie unabhängiger von ihren Bezugspersonen und wird besonders hilfreich, wenn unvorhersehbare Ereignisse unvermittelt ins Leben hineinbrechen.

Besonders eindrücklich habe ich das erlebt, als ein Pfarrer vom Tod seiner Frau berichtet:

„Früher habe ich alles mit meiner Frau besprochen. Wenn ich eine Entscheidung zu treffen hatte, wenn es Stress mit meinen Mitarbeitenden gab, wenn ich mich gefreut oder geärgert habe. Seit sie nicht mehr lebt, bete ich wieder regelmäßig. Das gibt mir Ruhe und Kraft, und ich fühle mich nicht so allein, weil ich einen Adressaten für meine Gedanken und Gefühle habe."

Gott als Teil des sozialen Netzwerks mag für viele ein ungewöhnlicher Gedanke sein. Aber von und mit meinen Klienten habe ich gelernt, dass diese Form gelebter Spiritualität eine wichtige Ressource ist und die persönliche Widerstandskraft steigert. Die eigenen spirituellen Möglichkeiten zu nutzen, steigert die Resilienz signifikant.

7 Lösungsorientierung: Wo ein Wille, ist auch ein Weg

„Wer etwas will, sucht Wege. Wer etwas nicht will, sucht Gründe" ist ein Sprichwort, das mich seit Kindertagen begleitet. Für mich bedeutet es, sich am eigenen Schopf zu packen, den inneren Schweinehund zu überwinden und selbst aktiv zu werden.

Das ist das Gegenteil von „Man müsste mehr für sich tun." „Sollte noch Zeit bleiben, könnten ich dies oder das tun." Der Konjunktiv steht im Gegensatz zum Machen. Eigene Burnoutprophylaxe impliziert die Umsetzung guter Vorhaben. Und die braucht den Indikativ: „Ich will, ich mache, ich darf und ich kann."

Es geht darum, nicht die Umstände zu beklagen und Gründe für die Untätigkeit zu suchen, sondern die Möglichkeiten und Chancen zu nutzen. „Wir können den Wind nicht ändern, aber die Segel richtig setzten", sagte Aristoteles. Wir können problemorientiert auf unser Leben schauen und Wind und Wellen bedauern, analysieren oder beklagen, oder wir können lösungsorientiert handeln und wie ein Segler die Segel so setzen, dass der Wind keine Bedrohung ist, sondern eine Kraft, die uns voranbringt.

Lösungsorientierung meint, die Gelegenheiten zu nutzen, Neues auszuprobieren und ab sofort Selbstsorge zu betreiben. Denn was wir heute tun, entscheidet, wie unsere Welt morgen aussieht.

Konsequente Lösungsorientierung nutzt auch ungewöhnliche Ansätze und neue Wege. Ein Beispiel:

Ich erinnere mich an einen Journalisten einer kirchlichen Publikation. Nach einer längeren erschöpfungsbedingten Auszeit befand er sich in der Phase der Wiedereingliederung. Insgesamt fühlte er sich wieder leistungsfähig. Doch dann hatte er eine Schreibblockade. Für einen Redakteur ist das eine echte Katastrophe. Er erzählte: „Jeden Morgen setze ich mich um dieselbe Zeit an den Schreibtisch, lese meine Mails und versuche dann einen Artikel zu schreiben. Aber ich bekomme einfach nichts aufs Papier." Der Klient nutzte immer denselben Lösungsweg und wunderte sich, dass er immer das gleiche Ergebnis erzielte.

Ich habe ihm dann geraten, es einfach mal komplett anders zu versuchen. Den Schreibtisch an einen anderen Platz zu stellen, nicht direkt am Computer zu formulieren, sondern Stift und Papier zu nutzen und jeden Morgen vor der Arbeit einen Spaziergang zu machen und dabei neue und möglichst unbekannte Wege zu gehen. Sehr skeptisch hielt er sich an den Ratschlag. Das Ergebnis war auch für mich verblüffend. Schon nach einer Woche war er wieder im Schreibfluss.

Weil wir eine Körper-Seele-Geist-Einheit sind, gelingt Veränderung leichter, wenn wir im wortwörtlichen Sinn in Bewegung kommen. Schon kurze Bewegungsphasen fördern dann die schöpferische Kraft.

Resiliente Menschen wissen: Viele Wege führen nach Rom. Und wenn die Autobahn verstopft ist, gibt es Um- und Nebenwege. Und sogar Trampelpfade führen zum Ziel. Probieren Sie neue Lösungswege aus und konzentrieren Sie sich auf die Dinge, die funktionieren.

Viele Menschen verharren im Modus der Problemorientierung, anstatt auf neue Lösungen zu setzen. Wer dagegen konsequent lösungsorientiert agiert, also davon ausgeht, dass es in jedem Fall eine Lösung gibt, die er jetzt nur noch nicht sieht, schafft sich kreative Freiräume.

Eine bewährte Methode bei scheinbar unlösbaren Problemen ist, völlig querzudenken, d. h. Lösungen ohne Denkblockaden zu sammeln und sich die Realitätsprüfung für später aufzusparen. Ein Beispiel:

Herr K., leitender Beamter, ist unglücklich mit seiner beruflichen Situation. Er sieht aber keinen Ausweg und fühlt sich wie ein Gefangener, weil er einen Großteil des Familieneinkommens sichert. Gern würde er etwas ganz anderes machen, aber die Aufgabe des Beamtenverhältnisses erscheint ihm undenkbar, weil zwei seiner Kinder gerade erst mit dem Studium begonnen haben. Es gibt für ihn keinen Ausweg aus dem Dilemma. Er weiß vor allem, was überhaupt nicht gehen wird.

Um seine Lösungsblockaden aufzulockern und seine Kreativität zu locken, frage ich,

- *nach der verrücktesten Lösung?*
- *nach dem Lösungsweg eines Cowboys?*
- *nach der Lösung, die sein verstorbener Vater anpeilen würde?*
- *was er sich selbst als 15-Jähriger geraten hätte?*

Mit fast spielerischer Leichtigkeit beginnt Herr M. Ideen zu sammeln. Immer freier entwickelt er zum Teil witzige und auch für mich abwegige Lösungsansätze.

Dies bereitet ein kreatives Umfeld. Nach einer Weile hat er so etwas wie einen Geistesblitz. Er sagt: Vielleicht muss ich im Augenblick ja gar keine endgültige Entscheidung treffen. Vielleicht reicht eine Auszeit.

Die Spanne zwischen zwei Sitzungen nutzt er für eine schöpferische Phase. „Zufällig" liest er in der Tageszeitung den Bericht eines Managers über dessen Sabbatjahr. Der Gedanke lässt ihn nicht mehr los. Drei Monate später macht er sich auf den Weg in ein Sab-

batical und wird erst ein halbes Jahr später mit vielen neuen Ideen und voller Tatkraft an seinen Arbeitsplatz zurückkehren.

8 Zukunftsorientierung: Wünsche fest im Blick behalten

Von Einstein stammt der Satz: „Mehr als die Vergangenheit interessiert mich die Zukunft, denn ich gedenke, in ihr zu leben." Entdecken Sie Ihre Wünsche und Träume und stellen Sie sich Ihren großen Lebens- und Sinnfragen.

Natürlich können wir unsere Zukunft nicht vorhersehen, aber wir können versuchen, sie zu gestalten, indem wir unseren inneren Kompass wahrnehmen und nutzen. Resiliente Menschen lassen sich nicht nur von den Strömungen treiben, sondern versuchen, die Fahrtrichtung ihres Lebensschiffes mitzubestimmen.

Dazu gehört eine ehrliche Bestandsaufnahme.

Die Orientierung an dem inneren Kompass ist ein Prozess. Immer wieder muss er neu justiert werden, ob das, was einmal eingestielt wurde, noch stimmig ist. Dabei ist zu fragen:

- Tue ich das Richtige? Bin ich effektiv?
- Und tue ich es richtig? Bin ich effizient?

Meine Lebensziele

- Welche Lebensziele aus früheren Zeiten sind noch relevant?
- Was habe ich bereits erreicht?
- Gibt es Ziele, die mich eher belasten?
- Was möchte ich in meinem Leben auf jeden Fall erleben?
- Wo fühle ich mich Zielen verpflichtet, die nicht meine eigenen sind?
- Was ist mein großer Lebenstraum?

Ein Beispiel:
Ein Superintendent überlegt, ob er sich zur Wiederwahl stellt. Es war eines seiner großen Lebensziele, in leitender kirchlicher Position tätig zu sein. Jetzt ist er unsicher, wie es für ihn weitergeht. Er genießt die Einflussmöglichkeiten, spürt aber auch deutlich die Belastungen, die das Amt mit sich bringt. Zurück in die Gemeinde möchte er nicht. Er fragt sich, wie er seine Kompetenz und Erfahrung einbringen kann, ohne immer an seine Grenzen gehen zu müssen. Als ihm eine Stelle außerhalb der verfassten Kirche angeboten wird, fackelt er nicht lange, sondern greift zu.

Geholfen hat ihm, dass er immer wieder überprüft hat, ob seine Lebensentscheidungen noch stimmig sind und welche Weichen er stellen muss, wenn er Veränderung anstrebt. So hat er sich frühzeitig auch in außerkirchlichen Kontexten ins Gespräch gebracht.

Zukunftsorientierung gibt keine Garantie, dass wir den eingeschlagenen Weg auch gehen und die angepeilten Ziele auch erreichen. Aber wer seine Lebensträume aus dem Blick verliert, irrt ziellos herum und muss sich nicht wundern, an Orte zu gelangen, an die er nie kommen wollte.

Auch hier gilt: Es ist nicht sinnvoll, alles mit sich im stillen Kämmerlein auszumachen. Der weisheitliche Rat (Sprüche 15,22) ermutigt, andere mit ins Boot zu holen: „Die Pläne werden zunichte, wo man nicht miteinander berät, wo aber viele Ratgeber sind, gelingen sie."

Kirchenpolitische Konsequenzen

Gesunde Führungskultur als kirchenpolitische Herausforderung

Wer gesunde Führung wirkungsvoll umsetzen will, kommt nicht umhin, die Institution als Ganzes in den Blick zu nehmen. Salutogenese im Sinne einer nachhaltigen Gesundheitsförderung kann nur erfolgreich sein, wenn sie als kirchenpolitisches Ziel verstanden wird.

Eine gesunde Führungskultur hat nur dann eine Chance, wenn sie institutionell verankert wird und es nicht ins Belieben der einzelnen Führungskraft gestellt wird, ob und wie gesund geführt wird.

Das heißt, dass auf den kirchenleitenden Ebenen die Weichen so gestellt werden müssen, dass die Gesundheit aller Mitarbeitenden als Führungsziel definiert und ernst genommen wird. Dann kann Führung zur Gesundheitsressource im kirchlichen und diakonischen Arbeitsalltag werden und zur Burnout-Prophylaxe beitragen.

Dazu sind acht Maßnahmen erforderlich:

1. Institutionelle Verankerung
   Gesunde Führung ist – weil sie zunächst Zeit und Kraft kostet und die Entlastungseffekte erst mittelfristig zu erwarten sind – kein Selbstläufer. Leitungen und Vorgesetzte werden nur dann zu gesundheitsfördernden Führungskräften, wenn sie erleben, dass die Institution ein echtes Interesse am Kulturwandel hat. Dazu braucht es eine organisationale Anbindung und Verankerung. Es ist notwendig, auf den obersten Leitungsebenen der Kirche und der Diakonie ein betriebliches Gesundheitsmanagement zu schaffen. Auf den mittleren Führungsebenen in Kirchenkreisen, Dekanaten und Abteilungen der Diakonie können Salutogenese-Beauftragte wichtige Unterstützungsfunktionen übernehmen.

2. Aufgabenkritik und Begrenzung der Arbeitszeit von Pfarrern
   Jede Maßnahme muss nicht nur auf ihre finanziellen Auswirkungen überprüft werden, sondern auch darauf, welche Belastungen damit verbunden sind. Eine institutionelle Richtlinie zu Burnout-Prävention braucht eine Gefährdungsanalyse bezüglich der seelischen Herausforderung und der faktischen Arbeitsbelastung.
   Dies ist besonders für die Gruppe der Pfarrer von entscheidender Bedeutung. Während in den meisten kirchlichen Berufen zumindest formell Arbeitszeitregelungen auf Stundenbasis getroffen wurden, unterscheidet die Dienstanweisung der Pfarrer in der Regel nur zwischen Dienstzeit und Urlaubszeit. Den Begriff der Freizeit gibt es nicht, denn Pfarrer leisten ihren Dienst uneingeschränkt. Um ein Gefühl der Bewältigbarkeit herzustellen, muss für die kirchlichen Berufe vor allem eine klare Aufgabenkritik erfolgen. Für den Pfarrdienst gilt darüber hinaus: Hier müssen so-

wohl Arbeitszeit als auch Aufgabenfülle deutlich begrenzt werden. Pfarramtliche Dienstvereinbarungen müssen so getroffen werden, dass die Arbeit im Regelfall in 41 Stunden oder in fünf Tagen zu schaffen wäre. Natürlich wird es immer Zeiten geben, in denen Unvorhergesehenes passiert. Das darf, wird und muss so sein. Aber genau um für solche außergewöhnlichen Herausforderung noch Kapazitäten zu haben, muss die Regelarbeitszeit – wie in anderen Berufen auch – bei 41 Stunden liegen.

3. Arbeitsklima als Leitungsaufgabe verstehen
   Eine gute Arbeitsatmosphäre erhöht die Identifikation mit dem eigenen Arbeitsbereich und mit der Institution Kirche. Gleichzeitig ist ein angenehmes Arbeitsklima eine gesundheitsförderliche Maßnahme, denn „ein fröhliches Herz tut dem Leibe wohl, aber ein betrübtes Gemüt lässt die Beine verdorren." (Sprüche 17,22)
   Das Thema Arbeitsatmosphäre ist nicht nur etwas für Sonntagsreden und Hochglanzbroschüren, sondern muss sich in den Niederungen des Alltags bewähren und im tagtäglichen Miteinander praktiziert werden.
   Um die Verbindlichkeit zu erhöhen, muss die Verbesserung des Arbeitsklimas regelmäßig in Dienstbesprechungen, Pfarrkonventen und auf Synoden thematisiert werden.

4. Verpflichtende Fort- und Weiterbildung
   Wer Führungsaufgaben übernimmt und Personalverantwortung hat, muss sich entsprechend qualifizieren und kontinuierlich weiterbilden. Voraussetzung dafür ist, dass sich nicht nur die Leitungen der mittleren und höheren Ebenen als Führungskräfte verstehen. Auch die meisten Pfarrer

sind für zahlreiche Mitarbeitende verantwortlich und müssen daher entsprechend geschult und befähigt werden.

5. Gründung von Coachingabteilungen
   Für eine kontinuierliche Qualitätssicherung und nachhaltige Verbesserung des Arbeitsklimas eignet sich Coaching im besonderen Maße.
   Coaching ist neben Supervision eine Form berufsbezogene Beratung, die hilft, Strukturen zu erkennen und neue Perspektiven einzunehmen. Auf diese Weise können Dinge wieder in Bewegung kommen, vertraute Denkmuster in geschütztem Rahmen überdacht werden, so dass Neues, manchmal ganz Unerwartetes entstehen kann.
   Notwendig ist, dass Coaching nicht – wie im Augenblick üblich – defizitorientiert in Anspruch genommen wird, sondern ressourcenorientiert. Das würde bedeuten, dass berufsbezogene Beratung selbstverständlicher Bestandteil des Anforderungsprofils einer Führungskraft wird und nicht nur dann genehmigt wird, wenn es bereits Schwierigkeiten gibt. In anderen sozialen Berufsfeldern und in der Wirtschaft wird dies bereits sehr erfolgreich praktiziert.

6. Schaffung klarer Hierarchien und Zuständigkeiten
   Ein besonderes Problem stellen vielerorts die unklaren Hierarchien dar. Dabei sind die Bedingungen je nach Institution und Organisation sehr verschieden.
   In diakonischen Organisationen und in kirchlichen Verwaltungen/Behörden sind Befugnisse, Ansprechpartner und Berichtslinien relativ klar.
   Anders erleben das Mitarbeitende und Führungskräfte in der verfassten Kirche. Hier gibt es sehr oft eine Vielzahl manchmal einander widersprechender Zuständigkeiten,

weil Fach- und Dienstaufsicht getrennt wahrgenommen werden oder weil nicht klar zu sein scheint, ob der Superintendent oder das Presbyterium weisungsbefugt ist.

Unklare Zuständigkeiten erschweren gesunde Führung sowohl für Vorgesetzte als auch für Mitarbeitende, weil nicht deutlich kommuniziert wird, an wen man sich im Krisenfall wenden kann und wem gegenüber man nun tatsächlich weisungsbefugt ist.

Daher muss verdeutlicht werden:

- An wen kann ich mich wenden, wenn ich Schwierigkeiten mit meinen Mitarbeitenden habe?
- Wer hilft mir, wenn ich den Wald vor lauter Bäumen nicht sehe?
- Wer ist mir gegenüber weisungsbefugt und kann mir berechtigterweise Aufträge erteilen?
- Wer schützt mich vor unangemessenen Forderungen?

7. Netzwerk psychosomatischer Vertrauensärzte
Führungskräfte sind manchmal überfordert, weil sie nicht wissen, welche konkreten Hilfen sie einem burnoutgefährdeten Mitarbeitenden anbieten können – vor allem dann, wenn es eine Nähe zur Depressionsdiagnose gibt. So vergeht oft wertvolle Zeit und es kommt zu Chronifizierung. Hier ist es für viele Führungskräfte hilfreich und notwendig, auf ein kompetentes fachärztliches, psychosomatisches Netzwerk zurückgreifen zu können, das diagnostizieren und beraten kann.

8. Schaffung von Springerfunktionen
Auch die beste Führungskraft kommt ins Schlingern, wenn der Arbeitsdruck für Mitarbeitende durch krankheitsbedingte Abwesenheiten steigt. Für solche Engpässe braucht

es eine kleine Personalreserve, die im Notfall einspringen kann, kurzfristig zur Verfügung steht und natürlich angemessen entlohnt wird. Das können Ruheständler oder auch Mitarbeitende im eingeschränkten Dienst sein, die bereit sind, für eine kürzere Zeit Mehrarbeit zu leisten. Durch solch eine Vertretungsregelung könnten die Kosten für Präsentismus deutlich gesenkt werden.

Wenn ausreichend personelle und finanzielle Ressourcen zur Verfügung stünden, würde es Mitarbeitenden leichter fallen, Fortbildungsurlaub oder Sabbatjahre, die ja eine wichtige präventive Funktion haben, tatsächlich in Anspruch zu nehmen.

In der Regel scheitern solche Vorhaben ja daran, dass man seinen eigenen Kollegen nicht noch zusätzliche Dienste aufbürden möchte und kann. Auszeiten sind aber nicht nur etwas für Menschen, die schon ins Burnout hineingeschlittert sind, sondern müssen im Sinne der Salutogenese ganz selbstverständlich zum Dienst gehören. Nicht wer ein Studiensemester und Fortbildungsurlaub beantragt, muss begründen, warum er das tut. Sondern umgekehrt: Wer auf Fortbildungen und Studiensemester verzichtet, muss gefragt werden, warum er diese Chancen nicht nutzt.

Deshalb sind Vertretungen durch Mitarbeitende mit Springerfunktion unabdingbar.

Nur ein gesunder Mitarbeiter ist ein produktiver Mitarbeiter. Nur wer Wertschätzung erlebt, wird auch andere wahrnehmen und würdigen. Und wer als Unternehmen, Organisation oder Institution die besten und fähigsten Mitarbeitenden an sich binden, wer ältere Pfarrer und Pfarrerinnen über die Pensionsgrenze hinaus beschäftigen und wer für junge Frauen und Männer in Kirche und Diakonie ein attraktiver Arbeitgeber sein will, muss gesunde Führung ernst nehmen. So wird eine Welt entstehen, in der es möglich ist, seine Talente zu entfalten, ohne sich selbst dauerhaft auszubeuten und dabei seine Gesundheit zu riskieren. Eine Welt, in der Arbeitsfreude, Wertschätzung und produktive Schaffenskraft im Einklang stehen. Fröhlich sein bei seiner Arbeit ist laut Prediger 3,18 eine Gottesgabe. Und tatsächlich zeugt dieser Vers von der tiefen Weisheit biblischer Texte: Lust und Freude sind neben Wertschätzung die entscheidenden Faktoren, die die Salutogenese enorm fördern.

Anmerkungen

1. Vgl. Wahlert, Jochen von, Gesundheit als Chefsache: Die Perspektive des Unternehmens, in: Lohmer, Mathias / Sprenger, Bernd / Wahlert, Jochen von, (Hg.), Gesundes Führen. Life-Balance versus Burnout im Unternehmen, Stuttgart 2017, S. 18.

3. Vgl. Detje, Malte, Servant Leadership. Ansätze zur Führung und Leitung in der Kirchengemeinde im 21. Jahrhundert, Göttingen 2017, S. 41.

4. Vgl. Burisch, Matthias, Burnout vorbeugen. Wege zur gesunden Arbeit, Hamburg 2012, S. 5.

5. Vgl. Pinnow, Daniel F., Führen. Worauf es wirklich ankommt, Wiesbaden 2012, S. 149.

6. Weigelt, Andreas, Salutogenese als kirchenleitende Herausforderung, in: Heyl, Andreas von / Kemnitzer, Konstanze / Raschzok, Klaus (Hg.), Salutogenese im Raum der Kirche. Ein Handbuch, Leipzig 2015, S. 399.

7. „Der Begriff ‚Betriebliches Gesundheitsmanagement' (BGM) wird seit den 1990er- Jahren als übergeordneter Terminus für alle gesundheitsbezogenen Interventionen in Organisationen und Unternehmen verwendet, um damit die Bündelung aller Maßnahmen der Gesundheitsförderung, des Arbeitsschutzes und der beruflichen (Wieder-) Eingliederung zu beschreiben." Zitiert nach Rohnke, Andreas, Gesundheitsmanagement und Salutogenese im Pfarrberuf. Empirische Studie und Analyse von Gesundheitsressourcen und Belastungspotenzialen, Frankfurt/M. 2015, S. 22.

8. Vgl. Libicky-Mayenhofer, Bettina, Gesund führen. Angewandte Psychologie für Führungskräfte und BeraterInnen, Freiburg/Br. 2018, S. 15.

9. Maar, Christa / Fricker, Rolf (Hg.), Vorteil Vorsorge – Die Rolle des betrieblichen Prävention für die Zukunftsfähigkeit des Wirtschaftsstandortes Deutschland, Booz & Company 2011, S. 7, https://www.felix-bur-

da-stiftung.de/sites/default/files/documents/Studie_FBS_Booz_Vorteil_Vorsorge_2011.pdf (Abruf 3.11.2018).

10. Vgl. Storm, Andreas, (Hg.), Gesundheitsreport 2017: Beiträge zur Gesundheitsökonomie und Versorgungsforschung (Band 16), 2017, VIII, https://www.dak.de/dak/download/gesundheitsreport-2017-1885298.pdf (Abruf 3.11.2018).

11. Vgl. Pieper, Claudia / Schröer, Sarah, Wirksamkeit und Nutzen betrieblicher Prävention. Zusammenstellung der wissenschaftlichen Evidenz 2006 bis 2012, iga. Report 28, S. 68, http://www.iga-info.de/fileadmin/redakteur/Veroeffentlichungen/iga_Reporte/Dokumente/iga-Report_28_Wirksamkeit_Nutzen_betrieblicher_Praevention.pdf (Abruf 3.11.2018).

12. Vgl. Zeilinger, Thomas, Wirtschaftliche Diskurse zu Strategien der Salutogenese; in: Heyl, Andreas von / Kemnitzer, Konstanze / Raschzok, Klaus (Hg.), Salutogenese im Raum der Kirche, Ein Handbuch, Leipzig 2015, S. 77.

13. Dies sind die Ergebnisse der viel zitierten, nur noch in der Sekundärliteratur zu findenden VW-Studie. Vgl. Nieder, Peter, Führung und Gesundheit. Die Rolle des Vorgesetzten im Gesundheitsmanagement; in: Brandenburger, Uwe / Nieder, Peter / Susen, Britta (Hg.), Gesundheitsmanagement in Unternehmen: Grundlagen, Konzepte und Evaluation, Weinheim 2000, S. 149–161.

14. Vgl. zum gesamten Kapitel 2.2 Schneidereit-Mauth, Heike, Gute Führung macht den Unterschied. Sechs Thesen zum Thema Führen und Leiten im Pfarramt: Wege zum Menschen 4/2016, S. 339–347.

15. Vgl. Institut für Demoskopie Allensbach, Allensbacher Kurzbericht vom 20.8.2013. https://www.ifd-allensbach.de/uploads/tx_reportsndocs/PD_2013_05.pdf (Abruf 3.11.2018).

16. Vgl. Detje, Malte, Servant Leadership. Ansätze zur Führung und Leitung in der Kirchengemeinde im 21. Jahrhundert, Göttingen 2017, S. 121.

17. Vgl. Evangelischen Kirche im Rheinland (Hg.), Handreichung „Zeit fürs Wesentliche – Perspektiven auf den Pfarrberuf in der Evangelischen Kirche im Rheinland“, Düsseldorf 2014, http://www.ekir.de/www/downloads/ekir2014zeit-fuers-wesentliche.pdf (Abruf 3.11.2018).

18. Vgl. Pühl, Harald, Angst in Gruppen und Institutionen. Konfliktdynamiken verstehen und bewältigen, Gießen 2017, S. 61.

19. Vgl. Schneidereit-Mauth, Heike, Ressourcenorientierte Seelsorge. Salutogenese als Modell für seelsorgerliches Handeln, Gütersloh 2015, S. 11 ff.

20. Vgl. zum gesamten Kapitel Schneidereit-Mauth, Heike, Eine Welt schaffen, der andere gerne angehören wollen. Salutogenese im Pfarramt: Deutsches Pfarrerblatt. Die Zeitschrift evangelischer Pfarrerinnen und Pfarrer 7/2016, S. 389–393.

21. Vgl. zu den sechs pathogenen Faktoren auch: Heyl, Andreas von, Stress. Körperliche und seelische Überlastungssyndrome; in: Heyl, Andreas von / Kemnitzer, Konstanze / Raschzok, Klaus (Hg.), Salutogenese im Raum der Kirche. Ein Handbuch, Leipzig 2015, S. 224.

22. Vgl. Schneider, Nikolaus / Lehnert, Volker A., Berufen – wozu? Zur gegenwärtigen Diskussion um das Pfarrbild in der Evangelischen Kirche, Neukirchen-Vluyn 2011, S. 118.

23. Vgl. zum Thema Salutogenese: Schneidereit-Mauth, Heike, Ressourcenorientierte Seelsorge. Salutogenese als Modell für seelsorgerliches Handeln, Gütersloh 2015.

24. Vgl. Bengel, Jürgen / Strittmatter, Regine / Willmann, Hildegard, Was erhält Menschen gesund? Antonovskys Modell der Salutogenese – Diskussionsstand und Stellenwert, in: Forschung und Praxis der Gesundheitsförderung, Band 6, Köln 2001, S. 20.

25. Vgl. Lamprecht, Friedhelm / Sack, Martin, Kohärenzgefühl und Salutogenese – Eine Einführung; in: Lamprecht, Friedhelm / Johnen, Rolf (Hg.), Salutogenese. Ein neues Konzept in der Psychosomatik?, ^{3}1997, (22–36), S. 23.

26. Vgl. Fengler, Jörg / Sanz, Andrea (Hg.), Ausgebrannte Teams. Burnout-Prävention und Salutogenese, Stuttgart 2011, S. 147ff.

27. Vgl. u.a. Bengel, ebd., S. 29ff; Lamprecht, ebd., S. 24.

28. Vgl. Rohnke, Andreas, Gesundheitsmanagement und Salutogenese im Pfarrberuf. Empirische Studie und Analyse von Gesundheitsressourcen und Belastungspotentialen, Frankfurt/M. 2015, S. 67.

29. Vgl. Karle, Isolde, Der Pfarrberuf als Profession: Eine Berufstheorie im Kontext der modernen Gesellschaft, Gütersloh 2001, S. 274ff.

30. Vgl. Hofmann, Beate, Salutogenese als diakonische Herausforderung; in: Heyl, Andreas von / Kemnitzer, Konstanze / Raschzok, Klaus (Hg.), Salutogenese im Raum der Kirche. Ein Handbuch, Leipzig 2015, S. 422.

31. Vgl. Heyl, Andreas von, Pfarrberuf und Arbeitsgesundheit; in: Heyl, Andreas von / Kemnitzer, Konstanze / Raschzok, Klaus (Hg.), Salutogenese im Raum der Kirche. Ein Handbuch, Leipzig 2015, S. 359.
32. Fengler, Jörg / Sanz, Andrea (Hg.), Ausgebrannte Teams. Burnout-Prävention und Salutogenese, Stuttgart 2011, S. 149.
33. Vgl. Rohnke, Andreas, Gesundheitsmanagement und Salutogenese im Pfarrberuf. Empirische Studie und Analyse von Gesundheitsressourcen und Belastungspotentialen, Frankfurt/M. 2015, S. 259f.
34. Vgl. Schiffer, Eckhard, Wie Gesundheit entsteht. Salutogenese: Schatzsuche statt Fehlerfahndung, Weinheim/Basel 2013.
35. Vgl. Petzold, Hilarion, Die Rolle des Therapeuten und die Therapeutische Beziehung in der Integrativen Therapie; in: Petzold, Hilarion (Hg.), Die Rolle des Therapeuten und die Therapeutische Beziehung, Paderborn 1996, S. 234f.
36. Brief Luthers an Melanchton am 2.5.1530 von der Veste Coburg, WA Briefe, Bd. 5, 317, 26ff. (zitiert nach Heyl, Andreas von, Das Anti-Burnout-Buch für Pfarrerinnen und Pfarrer, Freiburg/Br. 2011, S. 100).
37. Vgl. Rosendahl, Ulrich, Betriebliches Gesundheitsmanagement 2016. Ergebnisse der Befragung, Folie 14ff, Unternehmenskommunikation der pronovaBKK Partner für Gesundheit, https://www.pronovabkk.de/downloads/daae5e87365e21c9/pronovaBKK-160317-Arbeitnehmerbefragung-BGM-2016-Gesamt.pdf, (Abruf 3.11.2018).
38. Vgl. Pinnow, Daniel F., Führen. Worauf es wirklich ankommt, Wiesbaden 2012, S. 158.
39. Vgl. Salutogenese und Betriebliches Gesundheitsmanagement für den Pfarrdienst in der Ev. Kirche im Rheinland (EKiR). Positionspapier der Pfarrvertretung, verabschiedet auf dem Konvent der Wahl- und Kontaktpersonen zur Pfarrvertretung am 9. März 2016 in Bonn, S. 6, http://www.ekir.de/pfarrvertretung/Downloads/Salutogenese_und_BGM_-_Position_PfV_EKiR_-_9.03.2016.pdf (Abruf 3.11.2018).
40. Vgl. Sprenger, Reinhard K., Radikal führen, Frankfurt/M. 2012, S. 70.
41. Vgl. Lehnert, Volker A., Die Menge macht's – die Menge macht's nicht. Zur Frage der Überforderung im geistlichen Dienst: Aufschlüsse 42 (2011), S. 38.

42. Vgl. Heyl, Andreas von, Pfarrberuf und Arbeitsgesundheit; in: Heyl, Andreas von / Kemnitzer, Konstanze / Raschzok, Klaus (Hg.), Salutogenese im Raum der Kirche. Ein Handbuch, Leipzig 2015, S. 362.

43. Vgl. Evangelischen Kirche im Rheinland (Hg.), Handreichung „Zeit fürs Wesentliche – Perspektiven auf den Pfarrberuf in der Evangelischen Kirche im Rheinland“, Düsseldorf 2014, http://www.ekir.de/www/downloads/ekir2014zeit-fuers-wesentliche.pdf (Abruf 3.11.2018).

44. Vgl. Leitfaden „Verwaltungsassistenzen in den Kooperationsräumen“ der Evangelischen Kirche von Kurhessen-Waldeck vom 28.11.2016, http://www.ekkw.de/reformprozess/RV_Verwaltungsassistenzen_mit_Leitfaden.pdf (Abruf 3.11.2018).

45. Vgl. Sprenger, Bernd, Stress, Stressverarbeitung und Burnoutprophylaxe; in: Lohmer, Mathias / Sprenger, Bernd / Wahlert, Jochen von, Gesundes Führen. Life-Balance versus Burnout im Unternehmen, Stuttgart 2017, S. 15.

46. Vgl. Gündel, Harald / Glaser, Jürgen / Angerer, Peter, Arbeiten und gesund bleiben. K.O. durch den Job oder fit im Beruf, Heidelberg 2014, S. 61.

47. Vgl. Buchenau, Peter, Gesundheit wird zum Erfolgsfaktor – Unternehmen müssen beim Thema Strategie, Kultur und Führung umdenken; in: Buchenau, Peter, (Hg.), Chefsache Gesundheit I. Der Führungsratgeber fürs 21. Jahrhundert, Wiesbaden 2018, S. 52.

48. Vgl. Gündel, Harald / Glaser, Jürgen / Angerer, Peter, Arbeiten und gesund bleiben. K.o. durch den Job oder fit im Beruf, Heidelberg 2014, S. 139.

49. Vgl. Schneider-Flume, Gunda, Leben ist kostbar. Wider die Tyrannei des gelingenden Lebens, Göttingen 2008, S. 17.

50. Vgl. Hegerl, Ulrich / Niescken, Svenja, Depressionen bewältigen. Die Lebensfreude wiederfinden, Stuttgart 2013, S. 19.

51. https://trends.google.de/trends/explore?q=burnout, (Abruf 3.11.2018). Beim Thema Depression liegen dagegen die USA ganz vorn.

52. Vgl. Fengler, Jörg, Merkmale ausgebrannter Teams; in: Fengler, Jörg / Sanz, Andrea (Hg.), Ausgebrannte Teams. Burnout-Prävention und Salutogenese, Stuttgart 2011, S. 16.

53. Vgl. Gündel, Harald / Glaser, Jürgen / Angerer, Peter, Arbeiten und gesund bleiben. K.o. durch den Job oder fit im Beruf, Heidelberg 2014, S. 100.

54. Vgl. zu den Phasen Bergner, Thomas M.H., Burnout-Prävention. Das 9-Stufen-Programm zur Selbsthilfe, Stuttgart 2009, S. 10f. In 1. Könige 19 wird die Kranken- und Heilungsgeschichte eines Burnoutpatienten erzählt. Der Prophet Elia leidet an den drei zentralen Symptomen des Burnouts und durchläuft die typischen Phasen des Ausbrennens. Vgl. dazu: Schneidereit-Mauth, Heike, Ressourcenorientierte Seelsorge. Salutogenese als Modell für seelsorgerliches Handeln, Gütersloh 2015, 194ff.

55. Vgl. Maslach, Christiane / Leiter, Michael P., Die Wahrheit über Burnout. Stress am Arbeitsplatz und was Sie dagegen tun können, Wien 2001, S. 25ff. Vgl. auch Fengler, Jörg, Merkmale ausgebrannter Teams; in: Fengler, Jörg / Sanz, Andrea (Hg.), Ausgebrannte Teams. Burnout-Prävention und Salutogenese, Stuttgart 2011, S. 20ff.

56. Vgl. Rothlin, Philippe / Werder, Peter, Unterfordert. Diagnose Boreout – wenn Langeweile krank macht, Heidelberg 2014, S. 14.

57. Vgl. Jacobi, Frank, u. a., Erratum zu: Psychische Störungen in der Allgemeinbevölkerung. Studie zur Gesundheit der Erwachsenen in Deutschland und ihr Zusatzmodul „Psychische Gesundheit (DeGS1-MH): Nervenarzt, 2016, S. 87–90.

58. Vgl. Die Daten stammen von der offiziellen Homepage des Statistischen Bundesamtes: https://www.destatis.de/DE/ZahlenFakten/GesellschaftStaat/Gesundheit/Todesursachen/Todesursachen.html (Abruf 3.11.2018).

59. Vgl. Wolfersdorf, Manfred, Depressionen verstehen und bewältigen, Heidelberg 2011, S. 17.

60. Vgl. Dilling, Horst / Freyberger, Harald, J., Taschenführer zur ICD-10-Klassifikation, Bern 2016, S.135.

61. Vgl. zur Unterscheidung von Depression und Burnout: Hegerl, Ulrich / Niescken, Svenja, Depressionen bewältigen. Die Lebensfreude wiederfinden, Stuttgart 2013, S. 19ff; Hegerl, Ulrich, Kein Boden mehr unter den Füßen? : FAZ 29.3.2017, Seite N2.

62. Vgl. zur Unterscheidung von Trauer und Depression: Beutel, Manfred E., Der frühe Verlust eines Kindes. Bewältigung und Hilfe bei Fehl-, Totgeburt und Plötzlichen Kindstod, Göttingen 2002, S. 29f.

63. Vgl. Hegerl, Ulrich / Niescken, Svenja, Depressionen bewältigen. Die Lebensfreude wiederfinden, Stuttgart 2013, S. 20.

64. Vgl. Wolfersdorf, Manfred, Depressionen verstehen und bewältigen, Heidelberg 2011, S. 63.

65. Vgl. Stiftung Deutsche Depressionshilfe (Hg.), Suizidprävention: Eine globale Herausforderung, © 2016, https://www.deutsche-depressionshilfe.de/regionale-angebote/nuernberg/start, (Abruf 3.11.2018).

66. Vgl. zum gesamten Kapitel: Schneidereit-Mauth, Heike, Change Management in der Kirche? „Ja, bitte!" oder doch lieber: „Nein, danke!": Wege zum Menschen 4/2012, S. 395 – 404.

67. Vgl. Führung und Mitarbeiterorientierung, in: Lohmer, Mathias / Sprenger, Bernd / Wahlert, Jochen von, Gesundes Führen. Life-Balance versus Burnout im Unternehmen, Stuttgart 2017, S. 88.

68. Schmidt-Tanger, Martina, Veränderungscoaching. Kompetent verändern, Paderborn, 1999, S. 18f.

69. Vgl. Kaluza, Gert, Stressbewältigung. Trainingsmanual zu psychologischen Gesundheitsförderung, Heidelberg 2018, S. 17.

70. Vgl. Hüther, Gerald, Biologie der Angst. Wie aus Stress Gefühle werden, Göttingen 2012, S. 22.

71. Vgl. Berner, Winfried, Angst: Die wichtigste Emotion (nicht nur) in Veränderungsprozessen in: http://www.umsetzungsberatung.de/unternehmenskultur/unternehmenskultur.php (Abruf 3.11.2018), S. 1ff.

72. Vgl. Riemann, Fritz, Grundformen der Angst. Eine tiefenpsychologische Studie, München 1993, S. 10.

73. Vgl. Schulz von Thun, Friedemann, Miteinander reden 1 – Störungen und Klärungen. Allgemeine Psychologie der Kommunikation, Reinbek 1981.

74. Vgl. Antonovsky, Aaron, Salutogenese. Zur Entmystifizierung der Gesundheit, Tübingen 1997, S. 34ff. Vgl. Fengler, Jörg / Sanz, Andrea (Hg.), Ausgebrannte Teams. Burnout-Prävention und Salutogenese, Stuttgart 2011, S. 147ff. Vgl. auch Schneidereit-Mauth, Heike, Ressourcenorientierte Seelsorge. Salutogenese als Modell für seelsorgerliches Handeln, Gütersloh 2015, S. 120ff..

75. Vgl. Petzold, Hilarion, Integrative Therapie Bd. 1, Paderborn 1993, S. 69. Vgl. auch Schmidt-Tanger, Martina, Veränderungscoaching. Kompetent verändern, Paderborn 1999, S. 37ff.

76. Vgl. Oltmann, Thomas / Nemeyer, Daniel, Machtfrage Change: Warum Veränderungsprojekte meist auf Führungsebene scheitern und wie Sie es besser machen, Frankfurt/M. 2010, 35.

77. Vgl. Prior, Manfred, MiniMax-Interventionen: 15 minimale Interventionen mit maximaler Wirkung, Heidelberg 2009, S. 88.

78. Vgl. Schmidt-Tanger, Martina, Veränderungscoaching. Kompetent verändern, Paderborn, 1999, S. 42.

79. Vgl. Gregersen, Sabine / Kuhnert., Saskia / Zimber, Andreas / Nienhaus, Albert, Führungsverhalten und Gesundheit. Zum Stand der Forschung, 2010, S. 7ff. https://www.researchgate.net/publication/240503821_Fuhrungsverhalten_und_Gesundheit_-_Zum_Stand_der_Forschung (Abruf 3.11.2018).

80. Vgl. Wahlert, Jochen von, Führung und Mitarbeiterorientierung; in: Lohmer, Mathias / Sprenger, Bernd / Wahlert, Jochen von, Gesundes Führen. Life-Balance versus Burout im Unternehmen, Stuttgart 2017, S. 85.

81. Vgl. ebd., S. 90.

82. Vgl. Libicky-Mayerhofen, Bettina, Gesund führen. Angewandte Psychologie für Führungskräfte und BeraterInnen, Freiburg/Br. 2018, S. 46.

83. Vgl. Pinnow, Daniel F., Führen. Worauf es wirklich ankommt, Wiesbaden 2012, S. 179.

84. Vgl. Libicky-Mayerhofen, Bettina, Gesund führen. Angewandte Psychologie für Führungskräfte und BeraterInnen, Freiburg/Br. 2018, S. 159.

85. Sprenger, Bernd, Vom Kontorvorsteher zum Teamkoordinator: Was muss eine Führungskraft heute können?; in: Lohmer, Mathias / Sprenger, Bernd / Wahlert, Jochen von, Gesundes Führen. Life-Balance versus Burnout im Unternehmen, Stuttgart 2017, S. 57.

86. Vgl. Evangelischen Kirche im Rheinland (Hg.), Handreichung „Zeit fürs Wesentliche – Perspektiven auf den Pfarrberuf in der Evangelischen Kirche im Rheinland“, Düsseldorf 2014, http://www.ekir.de/www/downloads/ekir2014zeit-fuers-wesentliche.pdf (Abruf 3.11.2018).

87. Vgl. Gündel, Harald / Glaser, Jürgen / Angerer, Peter, Arbeiten und gesund bleiben. K.o. durch den Job oder fit im Beruf, Heidelberg 2014, S. 87.

88. Vgl. Pinnow, Daniel F., Führen. Worauf es wirklich ankommt, Wiesbaden 2012, S. 157.

89. Vgl. Sprenger, Reinhard K., Radikal führen, Frankfurt/M. 2012, S. 28.

90. Ebd., S. 258f.

91. Vgl. Schneider, Nikolaus / Lehnert, Volker A., Berufen – wozu?. Zur gegenwärtigen Diskussion um das Pfarrbild in der Evangelischen Kirche, Neukirchen-Vluyn 2011, S. 128.

92. Vgl. Pinnow, Daniel F., Führen. Worauf es wirklich ankommt, Wiesbaden 2012, S. 157.

93. Vgl. Lewkowicz, Eva-Maria / West-Leuer, Beate (Hg.), Führung und Gefühl. Mit Emotionen zu Authentizität und Führungserfolg, Berlin/Heidelberg 2016.

94. Vgl. Pinnow, Daniel F., Führen. Worauf es wirklich ankommt, Wiebaden 2012, S. 151, 162.

95. Vgl. Franz, Matthias, Vom Affekt zu Gefühl und Mitgefühl – eine neurobiologische und bindungstheoretische Einführung; in: Lewkowicz, Eva-Maria / West-Leuer, Beate (Hg.), Führung und Gefühl. Mit Emotionen zu Authentizität und Führungserfolg, Berlin/Heidelberg 2016, S. 29.

96. Vgl. Watzlawick, Paul, Anleitung zum Unglücklichsein, München 1988, S. 37ff.

97. Vgl. West-Leuer, Beate/ Vasella, Daniel L., Der Banker des Jahres kann sich Gefühle nicht erlauben – ein Filmbeispiel statt einer Einführung; in: Lewkowicz, Eva-Maria / West-Leuer Beate (Hg.), Führung und Gefühl. Mit Emotionen zu Authentizität und Führungserfolg, Berlin/Heidelberg 2016, S. 14.

98. Vgl. Amberg, Martina, Führungskompetenz Achtsamkeit. Eine Einführung für Führungskräfte und Personalverantwortliche, Wiesbaden 2016, S. 45.

99. Wahlert, Jochen von, Selbstmanagement, Selbstführung und Selbstfürsorge für Führungskräfte; in: Lohmer, Mathias / Sprenger, Bernd / Wahlert, Jochen von, Gesundes Führen. Life-Balance versus Burnout im Unternehmen, Stuttgart 2017, S. 71.

100. Vgl. Drucker, Peter F., Der Begründer des Konzeptes Management by Objektives, also Führen durch Zielvereinbarungen; in: Drucker, Peter F., Was ist Management? Das Beste aus 50 Jahren, Berlin 2010.

101. Vgl. Fengler, Jörg, Burnout-Prävention im Arbeitsleben. Das Salamander-Modell, Stuttgart 2013, S. 147.

102. Vgl. Bion, Wilfried R., Lernen durch Erfahrung, Berlin 1992.
Vgl. Lüders, Karin, Bions Container-Contained-Modell; in: Kennel, Rosemarie / Reerink, Gertrud (Hg.): Klein-Bion. Eine Einführung, Frankfurt/M. 1997, S. 85f.

103. Vgl. Pinnow, Daniel F., Führen. Worauf es wirklich ankommt, Wiesbaden 2012, S. 139. Pinnow bezeichnet die unterschiedlichen Mitarbeitertypen als Arbeitstiere, Stars, Problemfälle und Frösche. Diese Kategorisierung halte ich für menschenverachtend. In abgewandelter Form kann die Will-Skill-Matrix eine Strukturierungshilfe sein.

104. Vgl. Nöllke, Matthias, Psychologie für Führungskräfte, München 2016, S. 109.

105. Vgl. Fengler, Jörg, Burnout-Prävention im Arbeitsleben. Das Salamander-Modell, Stuttgart 2013, S. 152.

106. Vgl. Pinnow, Daniel F., Führen. Worauf es wirklich ankommt, Wiesbaden 2012, S. 153.

107. Vgl. Streich, Richard K,. Fit for Leadership. Entwicklungsfelder zur Führungspersönlichkeit, Wiesbaden 2016 , S. 229f.

108. Vgl. Doran, George T., There's a S.M.A.R.T. way to write management's goals and objectives. In: Management Review, 70. Jg., Nr. 11, 1981, S. 35–36.

109. Vgl. Drucker, Peter F., Was ist Management? Das Beste aus 50 Jahren, Berlin 2002, S. 141ff.

110. Vgl. Zimber, Andreas, Führen und gesund bleiben. Ein Präventionsprogramm für Führungskräfte in Sandwich-Positionen, Berlin 2018, S. 7ff.

111. Vgl. Werner, Emmy E., Wenn Menschen trotzwidriger Umstände gedeihen – und was man daraus lernen kann; in: Welter-Enderlein, Rosemarie / Hildenbrand, Bruno, (Hg.), Resilienz – Gedeihen trotz widriger Umstände, Heidelberg 2012, S. 28.

112. Vgl. Rönnau-Böse, Maike / Fröhlich-Gildhoff, Klaus, Resilienz und Resilienzförderung über die Lebensspanne, Stuttgart 2015, S. 10.

113. In der populärwissenschaftlichen Literatur kursiert ein verflachter Resilienzbegriff, der von Cornelia Richter zu Recht kritisch hinterfragt wird. Manche Veröffentlichung suggeriert, dass es resilienten Menschen möglich sei, nahezu unangestrengt, stress- und sorgenfrei durchs Leben zu kommen. Vgl. Richter, Cornelia, Einleitung. Ohnmacht und Angst aushalten. Zur Kritik und Ergänzung dominant aktiver Resilienzfaktoren; in: Richter, Cornelia (Hg.), Ohnmacht und Angst aushalten. Kritik der Resilienz in Theologie und Philosophie, Stuttgart 2017, S. 11.

114. Vgl. Dorst, Brigitte, Resilienz. Seelische Widerstandskräfte stärken, Ostfildern 2015, S. 14.

115. Vgl. Hildenbrand, Bruno, Resilienz, Krise, Krisenbewältigung; in: Welter-Enderlein, Rosemarie / Hildenbrand, Bruno, (Hg.), Resilienz – Gedeihen trotz widriger Umstände, Heidelberg 2012, S. 205.

116. Vgl. Rönnau-Böse, Maike / Fröhlich-Gildhoff, Klaus, Resilienz und Resilienzförderung über die Lebensspanne, Stuttgart 2015, S. 12.

117. Gruhl, Monika, Resilienz. Die Strategie der Stehauf-Menschen. Krisen meistern mit innerer Widerstandskraft, Freiburg/Br. 2014, S. 172.

118. Vgl. Hüther, Gerhard, Die Macht der inneren Bilder. Wie Visionen das Gehirn, den Menschen und die Welt verändern, Göttingen 2014, S. 10.

119. Franke, Alexa / Witte, Maibritt, Das HEDE-Training. Manual zur Gesundheitsförderung auf Basis der Salutogenese, Bern 2009, S. 52.

120. Vgl. Gruhl, Monika, Die Strategie der Stehauf-Menschen. Krisen meistern mit innerer Widerstandskraft, Freiburg/Br. 2018, S. 193.

121. Franke, Alexa / Witte, Maibritt, Das HEDE-Training. Manual zur Gesundheitsförderung auf Basis der Salutogenese, Bern 2009, S. 48.

